關 於

n e x t

這個系列希望提醒兩點：

1.當我們埋首一角、汲汲於清理過去的包袱之際不要忽略世界正在如何變形、如何遠離我們而去。

2.當我們自行其是、卻慌亂於前所未見的難題和變動之際、不要忘記別人已經發展出的規則與答案。

我們希望這個系列有助於面對未來。

我們也希望這個系列有助於整理過去。

慢讀，
是安靜的沉澱，
是累積「慢想力」最簡易的方法。

慢，不是怠惰，而是對生活的珍惜、對忙碌步伐的反思，
慢，更是一種能力，一種安然深刻的態度！

享受「慢活」、以「慢想力」做正確決策，
就從慢慢閱讀一本書開始。
讓我們透過安靜、和緩的閱讀，重拾「感受力」、打造「創造力」
與「知識力」、找回生活的「好元氣」、「真趣味」，擁抱「幸福感」。

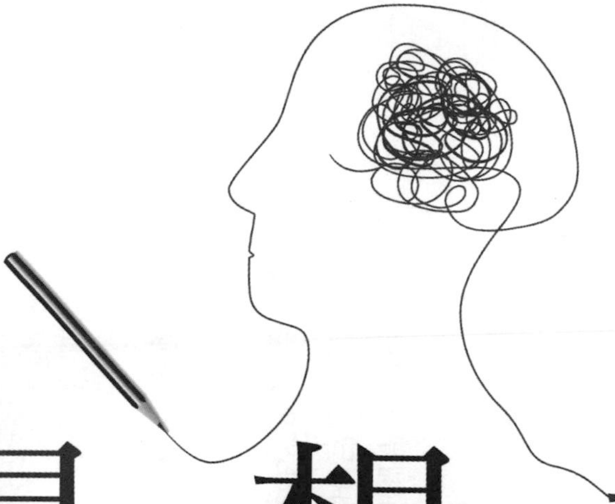

慢想力

趨勢觀察家、IBM顧問
理查・華生 Richard Watson／著
陳正芬／譯

FUTURE MINDS

HOW THE DIGITAL AGE IS CHANGING OUR MINDS, WHY THIS MATTERS, AND WHAT WE CAN DO ABOUT IT

目錄

慢想＋深度思考＋創意點子＝推動世界前進的力量

PART II

深度思考，就會孵出創意點子

晚上在幽暗蒙塵的心中做夢的人，早上醒來發現只是一場空。但是做白日夢的人卻是一群危險份子，因為他們會睜大眼讓自己的夢想成真。

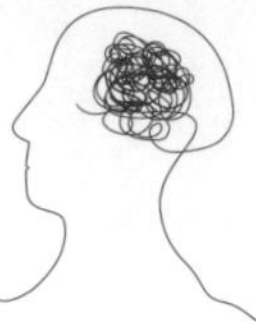

PART III

創意點子，是推動世界前進的力量

如果你的腦子進入死胡同，請倒車、停車、下車，去散步。最重要的是，別去工作。最棒的創意點子都不是在辦公室想出來的！

推薦序

慢想，是創意的原力

徐一鳴

我自認是想事情很快的人，連買房子幾乎不超過十分鐘。乍看書名，本來想婉拒，順手翻了幾頁，立刻改變了想法，倒是發現需要很大的膽量，才敢提筆寫自己以往看書的習慣正確無誤。

一對失業父母，沉迷在虛擬世界中養一個名為「阿妮瑪」的虛擬女兒，長期逗留網咖，竟把自己親生女嬰活活餓死，故事乍聽極為荒謬，卻絕對眞實，是發生在南韓的眞實事件，類似的虛擬世界成癮，棄親生子女不顧的狀況，之前也在台灣發生過。

上網成癮，或習慣用數位工具吸收資訊與溝通人際關係，看在《慢想力》作者、趨勢觀察家華生（Richard Watson）眼裡，是影響新世代與未來社會的嚴重問題，他將這一世代稱為遊幕世代，他們的行為偏好多工（一邊上臉書、看YouTube、一邊用手機發簡訊）；閱讀方式習慣跳躍（快速擷取、拼貼、看圖不愛看字）；不愛用大腦記憶（記憶是存在硬碟或雲端上的玩意）。

上述種種，當前社會處處可見，沒錯，低頭族、蘋果兒童（iKidz）正環繞我們身邊。我們或許看不順眼，卻不能忽視他們帶來的巨大改變。

這個趨勢到底會帶來什麼後果？作者認為，最嚴重問題之一在於遊幕世代越來越不思考，他們習慣平行擷取資訊，用過即丟，卻無法發展垂直思考，建構邏輯。當社會充斥越來越多對雜亂訊息的膚淺理解，文明的創造力將日趨低下。

還好，世事萬物均難脫物極必反的循環，當遊幕世代邁入全盛期，傳統的「紙本世代」可能捲土重來，這並不是意味著紙媒將會上演王子復仇記，而是相應於紙本世代的行為習慣，將重新被人們珍惜、重視。譬如慢讀、慢想、用紙張溝通，把行為速度降下來，那些因為數位工具所造成的簡化、省略或可隨時「砍掉重練」的惡習，才得以清除，邁向再一次的文藝復興，人類最有價值的創意與創造力才能浴火重生！

本書發人深省，值得現代人放下繁瑣仔細閱讀，切記：「資訊」可以來自Google，但「創意」必須來自內心的深層思考。

達一廣告董事長徐一鳴，二〇一二年十一月於舊金山

前言

快速的年代，需要慢調子

本書是我前一本著作《未來檔案》（*Future File*）的續集也是前文，談工作、教育、時間與空間、書籍、洗澡、睡覺、音樂等影響我們思考的一切，也探討由蛋白質與碳水化合物構成、重約一．五公斤、有實體極限的脆弱大腦，卻能產生無限且寶貴的點子。最重要的是，本書是概念與對話的開端，以連續性局部愚蠢（constant partial stupidity）、數位孤立，以及回歸眞實等十個關鍵趨勢貫穿全書，以探究數位年代的隱含意義。

智慧型手機（**編按：以下所指皆爲可上網的手機**）、電腦和平板電腦已經成爲全世界數億家庭、辦公室和學校日常生活的核心，年僅五歲的孩童每天平均花六小時在螢幕前，青少年和成年人說不定花更多時間。以美國爲例，二〇〇九年成年人花在上網的時間是二〇〇五年的兩倍，同一期間的歐洲成年人上網時間則成長約三分之一，英國的家庭主婦近半數休閒時間掛在網上，一般人將四五%的時間花在媒體和溝通。二〇一〇年的研究發現，八到十八歲的美國年輕人每天平均花十一小時在螢幕前，無論是電視、電腦、手機、平板電腦，還是同時玩兩種甚至更多。

我們逐漸以簡訊和電郵取代面對面溝通，而且有數百位網路上的朋友，但卻不認識隔壁鄰居，要搜尋資訊首先想到谷歌（Google）。科技的無所不在與電子產品的氾濫，造成我們的態度與行爲顯著轉變，**本書要探討的正是這些：數位年代如何改變你我的心智、現在正在發生和未來即將發生的事**。

不過，看似無辜的手機或谷歌搜尋，眞的能改變我們的思想和行爲嗎？這個問題非常重要，也是幾位知名科學家，尤其是研究腦科學的學者不斷思索的問題，因爲數位科技或許正在改變我們的大腦。

莫山尼克（Michael Merzenich）是頂尖的神經科學家，他發現人腦具有可塑性，能回應新的刺激或感受，因此我們的思考會被自己選擇使用的工具所建構。其實這是老問題，人類思考類似議題已千年了，但現在已有確切的答案，莫山尼克主張網際網路有能力主導人腦發生根本的變化，使人腦大規模被重新塑造。

我們高度仰賴數位網路互通訊息，以此發展出快速反應的文化。當今的人總是隨

傳隨到，以致沒有時間好好思考自己正在做的事。現在的人動不動就問某件事能不能做到，卻沒有思考該不該做。

舉例來說，牛津大學的大腦研究學者也是男爵夫人葛林菲德（Baroness Susan Greenfield）教授表示，當兒童在做自己喜歡的事時（例如玩電子遊戲），腦部的前額葉會突然接收到大量的多巴胺，但如果兒童玩電子遊戲太過頻繁，使腦部製造過多的多巴胺，可能危及前額葉中與推論相關的部分。因此電子產品帶來的愉快心情，可能使人類較不可能、也較少機會培養具原創力的心智。

數位年代正一點點啃食你我的專注力，使思考品質惡化最終影響決策品質。數位產品正在創造思想不集中的社會，如果資訊只需要按一下滑鼠就叫得出來，幹麼要學習呢？我們逐漸成為谷歌眼（Google-eyed），成天翻著螢幕的頁面，卻沒有深入思考自己到底在做什麼，要往哪裡去。

在電腦螢幕上閱讀可以很快速，適合用來搜尋事實，相反地，閱讀紙本可以反思，比較適合用來理解全盤論據或概念。兩種閱讀的形式與技術應該和平共存，由於數位書籍的取得方便且價格合理，人們可能會將電子書視為另一種用過即丟的產品，一種可以快速消費而後丟棄的東西。但是，如果只留下文字卻丟棄實體書，我們將失去非常重要的東西，因爲實體書牽動知覺的方式是數位商品所不能及，閱讀實體書具有高度存在感，能感受閱讀正在進行，而印刷的書籍更是爲閱讀體驗賦予物質與精神的力量。

此外，我們的專注力與人際關係正在粉碎。我們與世界各地的人聯繫，但與周遭的人卻愈來愈淡薄，我們逐漸發展出一個全球連線合作的社會，同時也是個不耐煩、孤立與現實脫節的社會：一個有很多答案卻很少有好提問的社會，一個由人類組成卻無法在眞實世界中獨立思考的社會。

唯有正確的思考，也就是深度思考，才能使你我成為獨一無二的人，再與創意點子結合，就成為推動世界前進的力量。深度思考是策略規劃、科學發現與藝術創造所必備，也是嚴謹、聚焦、審慎、熟慮、獨立、原創、充滿想像、開闊、寬廣、寧靜、鬆弛、專注、深思與反躬自省的思考，資訊的流動受限且和媒體息息相關，或許你會稱它是「慢速流」，但不是淺薄、狹隘、匆促、粗略、破碎或錯亂。

在倉促之中無法做到深度思考，身旁充斥各種干擾也不能，書寫一百四十個字無法表達深度思考，一心多用的混亂心緒也不能。當我們從不曾好好地端坐不動或者完全靜下心，我們的思考品質會是如何呢？**快節奏的生活改變了我們的思考品質，但唯**

有保持距離或從中抽離才能認清這個事實，就由安靜坐著閱讀一本書開始。

或許你會認爲這不重要，但它確實很重要。過去的知識革命用腦力取代勞力，成爲經濟生產的主要工具，今日最重要的智慧資本財也是人類心智的產品，而我們正處在另一次革命的浪頭上，未來人類的心智將與聰明的機器爭工作甚至爭寵，機器將愈來愈精於將儲存的知識與人類行爲模式配對，於是我們的世界將從付錢給人累積與散播知識到流動的創新經濟，人們因爲概念性思考而得到獎賞，然而這種思考型態正遭到衝擊。

那麼，個人和組織應該如何因應思考方式的不斷改變？如何駕馭數位時代的潛能，同時使它的缺點達到最小？本書就在談論這些。

我們需要做少一點、思考多一點，需要偶爾放慢速度，不要再混淆變動與進步，別再認為溝通與決策都得立刻進行。

儘管我試著這麼做，但是不被捲入渦流卻很困難，時間彷彿被壓縮，白天有短短一小時不受打擾地專心思考或寫作已成爲奢侈，主因就是數位科技。我從不覺得自己掌控生活，但當我有機會思考，就會把思緒帶到更單純、更確定的年代。

加州大學聖地牙哥分校的研究發現，二○○八年平均每人每天接收的資訊，比一九六〇年多三〇〇%。的確，我每天不得不面對排山倒海而來的資訊，也不斷地進行數位減肥，但與瘦身減肥相類似，實在很難持久，於是繼續數位資訊的暴飲暴食，位元繼續直線攀升，大量資訊使我們看似更聰明，卻犯了更多更蠢的錯誤，我稱之爲連續性局部愚蠢。

無論身在何處，我都可以在任何時間、地點閱讀報紙和上網，也可以跟作者交流，但我想念老式的交談與不期而遇，然而即使眞的見到友人，我們的交談要不只是隻字片語，不然就是正談得口沫橫飛之際卻被手機鈴聲打斷，瞬間全部有趣的點子就這麼被冰凍封存。

我說夠了，現在輪到你。在這個太多資訊、太少個人時間的年代，爲何你該讀這本書？

無論你是否想探究無聊的好處、精神隱私、遊幕世代（screenager）的崛起、點子的孵育，還是數位產品與環境如何改變人類心智，你將從本書發現激盪思考的討論內容，以及關於未來與因應之道的實用建議。凡是想探索自己的思考力，或者想知道如何釋放人類的創意潛能，都該閱讀本書。

人們稱我是未來趨勢觀察家，但我對未來的看法卻一直在演進，就某種程度而言，我能肯定地說現在發生的事以及接下來會怎樣，本書就是探討正在成形的趨勢與我觀察到的微弱信號：

■快速回應的文化加上事物易於取得，造就種種錯誤的發生，導致連續性局部愚蠢與多工暴行（multitasking mayhem）。雖說多工意謂人類更擅長快速思考，然而卻犧牲思考的品質，我們一次可以做好幾件事，但卻很少把這些事情做好。研究顯示，多工處理使腎上腺素和可體松等壓力荷爾蒙升高，經由所謂生化摩擦（biochemical friction）使人未老先衰，多工的反制力量是單工（single tasking）這種趨勢是借自慢食運動的觀念。

■雖然螢幕提供我們許多機會，但也鼓勵人們在缺乏情境、反思，以及對全局不了解下進行思考。同樣地，將資訊包裝成位元，意謂我們正全速邁向最小公約數，對此的反趨勢（也衍生自慢食）會是「慢速媒介」，也就是長篇分析及慢速的紙本溝通方式。

■我們的生活步調比思考速度快，我們喜愛最快的溝通速度，但有時迫使自己在未經周詳思考下做出回應。有些事，我們需要稍稍地放慢速度。荷蘭的拉邦德大學（Radboud University）潛意識實驗室的研究發現，只要離開問題讓腦子從另一個視角好好思索，就可以做出更有效的決策。此外，我們需要跳脫「快即是好」的泥沼，別再擔憂步調慢對經濟成長或社會進步會有負面影響。

■人類因爲資訊無所不在和更好的溝通方式而獲益，但不斷受到數位干擾及過多資訊影響專注力，使我們的集中力支離破碎。我們愈來愈難保持專注，也愈來愈離不開螢幕。我們需要跳脱所有資訊都是有用的想法，讓自己適應新的現實：專注是力量、資訊的可靠與否才是關鍵。

■他人的資訊不斷進出，讓我們得以一窺別人的生活。儘管是隻字片語、平淡瑣碎，但這些資訊終將建構成一個故事。科學家稱這種現象爲「氛圍親密感」，類似你接近一個人，解讀對方傳輸的微小信號，就能對他人的心情略知一二。不過，長時間的網路連線代表我們用「熟悉」取代「親近」，也可能使我們與他人的實際關係變得更短暫。因此我們面臨數位孤立的威脅，期望在眞實生活、在地化與手作器物等趨勢的結合下，見到許多人回歸實實在在的日子。

■我們的選擇更多也更個人化，時時擔憂會減少與他人、資訊相遇的機會，而阻斷寶貴的經驗與教訓。但芝加哥大學的研究證明，由於資料來源偏向網路且集中在少數較近期的文章，學術期刊引述的來源也變得更侷限。然而，我們的思考不僅需要深度也需要廣度，各種構想與活動才得以進行異花授粉。

■網路的匿名性腐蝕了同理心，鼓勵反社會行爲及虛擬勇氣勝過眞實情緒。同時，過度分享精確的所在位置或興趣等資訊，讓我們知道誰與自己比較接近，但也更容易被廣告業者乃至宵小侵犯。此外，數位永生（digital immortality）也意謂遺忘過去的所作所爲將更加困難。

■網路群眾淹沒了個人的智慧與經驗。社交網站造成網路集體主義，也意謂我們面臨必須上網並合乎團體規範的壓力，而且也愈來愈難專心於自己的思考與構想。注意力恢復理論宣稱，就像人需要睡眠，人腦也需要一段時間遠離外在刺激的氾濫，才能放鬆並回復有效的機能。我們很少從無所事事、純粹享受周遭事物中獲得樂趣，殊不知這麼做是增進心智及其能力的方式。

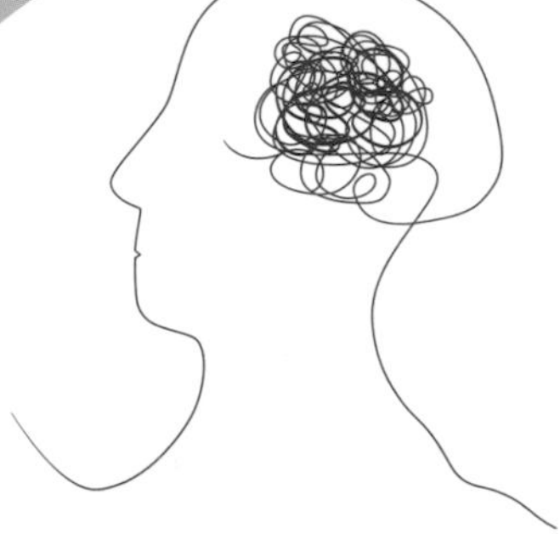

PART I

慢想，
才能練就深度思考力

如今的學生不是從過去的學生逐漸演變而來
而是出現非常巨大的斷層
我們甚至可以稱之為一種稀有現象
一個從根本改變一切的大事件
以致沒有回頭路了。

第1章

我們的孩子變笨了嗎？

「電腦沒什麼用處，只能給答案而已。」

——畢卡索（Pablo Picasso），西班牙藝術家

小伙子窩在房裡盯著螢幕，他不講話只是狂敲鍵盤，慌張的神情讓人以為他錯過網路訊息而焦躁，但卻恰恰相反。

不妨把今天的年輕人稱為遊幕世代。布隆（Dan Bloom）讓「遊幕」成為流行語，形容人閱讀螢幕資訊時的動作。遊幕世代早晨被手機的鬧鈴功能叫醒後，往往等不及下床便開始查看手機上的最新八卦，他們乘坐有螢幕訊息裝置或娛樂系統的交通工具上班上學，白天多半在跟某種螢幕互動，晚上則透過螢幕跟朋友交流，睡前再上個網輕鬆一下。根據二〇〇九年調查，美國青少年每個月平均用手機收發兩千兩百七十二條文字訊息，二〇一〇年一份報告提到，英國十六至二十四歲的年輕人當中，文字訊息和社交網絡佔手機使用的六四%。

《N世代衝撞》（*Growing Up Digital*）的作者泰普史考特（Don Tapscott）表示，現在的學生進入二十歲時已經暴露在三萬小時的數位資訊中，另一份以八至十八歲青少年媒體消費習性為題的《凱瑟報告》（*Kaiser Report*），則發現美國孩童閒暇時掛在媒體（以螢幕居多，且幾乎全為數位）的總時間，相當於從事一份全職工作。相反地，對書籍等平面媒體的購買則呈遞減現象。面對青少年盛行的螢幕文化，為人父母者與雇主該如何改變以往的態度與做法，以因應現狀？

慢想10力：孩子不說，但你要知道的10種想法

- ✔偏好多工、平行處理及體驗個人化，他們採跳躍式閱讀且喜歡圖像勝過文字。
- ✔記憶是存在硬碟裡的東西，需要資訊時只要谷歌一下就行了。
- ✔具備輕鬆創造、個人化和分送訊息的能力，會使自己更受矚目。
- ✔經常使用數位裝置以避免正面衝突和承諾。
- ✔虛擬化使人與人的直接接觸不再必要，於是他們偏好和機器打交道。
- ✔這個歸零世代認為，萬一出錯只要按個鍵就就可以重新來過。
- ✔他們要的是滿載感官知覺的環境，要立即看到回應及經常受到讚賞。
- ✔活在當下、什麼都是讚（gr8），但識字能力與算數卻不如前幾個世代。
- ✔遊幕世代的腦袋同時多管齊下，對資訊流隨時保持高度警覺，即使他們的專注力和理解力可能很膚淺。
- ✔遊幕世代腦筋動得快，但對自身所處的大環境和文化背景卻一無所知。

他們想要，而且立刻就要

遊幕世代想要把體驗個人化，偏好跳躍式閱讀，喜歡圖像更勝文字，而且追求速度，他們期待事情快速發生，於是造就出急性子特質。數位資訊通常瞬間到手，而這種講求即時的數位快感也傳到非數位的世界，對一般的遊幕世代來說，花一分半鐘買漢堡簡直是荒謬，在銀行排隊和跟陌生人互動也是。

英國智庫社會議題研究中心（SIRC）的研究顯示，出生於一九八〇至一九九九年間的Y世代，想要的東西就要到手，這群數位原住民除了即時快感，還動不動就把折衷主義和多樣性掛在嘴邊。他們是抽樣的世代，隨時想到什麼就去做，因此他們會買單曲CD而不買整張專輯，或者一拿到工資就換工作。該中心的某研究人員說：「沒有什麼是遙不可及，短短幾天就可以從世界任何一處得到想要的東西。」

三十五歲以上的人用手機管理日常事務，然而對三十五歲以下，尤其是遊幕世代來說，手機是拉近距離以突破時空藩籬的工具。手機正逐漸取代錢包、手錶和電鈴（哈囉，我在門外，能讓我進來嗎？）手機也讓人不必做承諾，或者拗到最後一秒才承諾，數位年代沒有「遲了」這回事，只要重新安排就行，承諾也同樣說變就變，永遠都可能有更好的機會出現，所以每件事都等到最後一分鐘才定案。想去哪裡嗎？不需要計劃或地圖，「走著瞧」吧！

人際溝通也在改變。想甩掉男友的話，只要把臉書（Facebook）個人檔案的感情狀態，從「穩定交往中」改成「單身」就行了，想和他說話時你會發簡訊，跟人溝通也無需見到本尊，他們〔改述《一位數位移民的告白》（*I Live in the Future and Here's How It Works*）作者比爾頓（Nick Bilton）的話〕分不清眞實和虛擬友誼，前者包含交談或凝視對方，後者則是透過電郵或簡訊溝通。此外，臉書、微博和第二人生（Second Life）等虛擬社群一再告訴我們並不孤獨，於是遊幕世代便利用這類網站來檢視自己的存在狀態，以不斷變動的朋友圈和網絡文化爲中心，將彼此緊密連結。

川流的訊息確實讓我們一窺他人生活，平凡無奇的隻字片語也終將建構成故事的情節，科學家稱這種現象爲氛圍知覺或氛圍親密感，就好比接近某個人並解讀對方的微小信號，就能體會對方的心情一樣。

虛擬世界的人生對眞實世界也有助益。史丹佛大學助理教授貝倫森（Jeremy Bailenson）主持的虛擬人類互動實驗室（VHIL），研究自我認知對人類行爲的影響，也就是網路活動對眞實人生的影響，其中一項發現，虛擬體驗和眞實生活的態度與行爲顯然相通，而且是雙向的。舉例來說，假如你在虛擬世界中愈來愈有信心，這種信心會外溢到眞實世界。

儘管如此，我們也可能正在創造一個新世代，這個世代的人缺乏韌性，相信出差錯時只要按個鍵就可以立即重來，但如果出現無法避免、轉寄或刪除的困難時，結果會如何呢？

聽起來似乎不是偉大的改變，然而行爲轉變往往導致心態轉變，而後成爲社會的改變。Y世代在十年、二十年內會成爲世界的主人翁，他們會是下一波的受雇者，你遲早會與他們共事。此外，身爲教師或家長或許也想知道，什麼是與他們打交道的最佳方式。

教師將面臨教學法和學習法之間的衝突。**老一輩的教師通常採循序漸進或按部就班的面對面教學，年輕學子則往往採跳躍式思考，將充滿感官刺激的環境視為理所當然**，此外他們要立即看到結果且經常被獎勵，然而老師卻多半認爲學習應該態度嚴謹地慢慢來，認爲學生應該安靜聽講。

未來幾十年，教師將親身經歷類比心態和數位心智的態度與行爲發生碰撞而引起的風暴，《向前捲進》（*Scrolling Forward*）作者李維（David Levy）說得好：「在兩種不同的處事方式，以及對科技如何被用來協助完成事情的不同理解之間，可能產生衝突。」

企業的情況也類似，儘管遊幕世代成爲全職員工不過是最近的事，因此上述許多問題尚未在組織中浮現，需要過些時候才會在組織的最高層發生改變，但與此同時，吸引並留住人才將更困難，尤其是經濟健全的時候，一旦數位世代自覺在企業的升遷不夠快就會拂袖而去，在組織中從基層開始一步一腳印的觀念不復存在，在經濟體中再也找不到。

網路上癮症

或許我們的行爲舉止已經符合遊幕世代的定義了。根據加州大學爾灣分校（UCI）的研究，一個人只能連續三分鐘不受干擾地工作，另一份英國精神醫學研究中心（Institute of Psychiatry）的研究結果，不斷受打擾對智商的影響比吸大麻更嚴重，難怪《哈佛商業評論》（*Harvard Business Review*）歷來最暢銷的重新刊印，是一篇關於時間管理的文章。但是，有人找出時間靜下心好好讀此文嗎？

我們已經發展出即時的數位快感文化，這種文化中永遠有事可做，哪怕永遠無法對自己最終的選擇感到滿意。就拿人們挑著聽iPod上的歌爲例，他們幾乎無法聽完整首歌，更別說是整張專輯，難怪摩托羅拉（Motorola）等公司會將「微無聊」（micro boredom，譯注：在極短時間內無事可做而感到無聊）視爲產品開發的商機。

令人髮指的是，最近南韓有一對父母沉迷Prius Online的虛擬世界，忙著養遊戲裡的阿凡達小孩，竟然讓親生小女嬰活活餓死。根據警方表示，這對失業的父母把女兒獨自扔在家裡，在首爾郊區的網咖一待就是十二小時，養一個名叫阿妮瑪的虛擬女兒。

網路成癮尚未成爲全球公認的病症，但這只是遲早問題。根據哈佛大學麥克林恩醫院（McLean Hospital）的電腦成癮中心表示，已經有五%到一〇%的網民對網路產生依賴，我們只要思考現況就沒啥好大驚小怪。加州大學聖地牙哥分校的研究顯示，人們在二〇〇八年消耗的資訊量是一九六〇年的三倍，史丹佛大學的傳播學教授南思（Clifford Nass）則表示，一般人對於些微的新訊息或雞毛蒜皮的新鮮事愈來愈無力抗拒。

當你看見在飛機著陸的剎那，人們便迫不及待開手機，彷彿裡頭暫存的資訊有多重要或攸關性命，以致無法等五到十分鐘走進機場航廈，你就明白現在的人多麼渴望上網。我明白，因爲我就是這樣。

大部分的人出門不帶手機就會擔心，晚上或假日關機也是，哪怕只是一個禮拜天。暫別這個超高度連線的世界，有如排斥科技的怪咖或對數位科技的藐視。

美國的研究發現，兩百二十位美國學生當中，只有三位能將手機關掉三天，羅格斯大學（Rutgers University）波特（Gayle Porter）教授的研究則發現，五成黑莓機的使用者一旦跟手機分開就會焦慮，一成使用者甚至達到身心交瘁的程度。

電郵的情形也不遑多讓。另一份由旅遊網站Tripadvisor.com的研究發現，二八％的受調查者，在週末或長假時至少每天都會檢查電郵，三九％的人表示放假超過一個禮拜的話，每天至少會檢查一次電郵信箱。

英國諾丁罕大學（University of Nottingham）卡卡巴得（Nada Kakabadse）教授的研究，認爲雇主遲早會因爲堅持員工必須全年保持連線狀態而被告，研究人員以菸草業爲例，說明法律正朝向「裁判認定有害」演進，因此如果雇主營造永不斷線且隨找隨到的文化，產生的社會成本終將從個人轉嫁給組織。婚姻破碎、孩子沒人管嗎？沒問題，只要控告雇主要求賠償相關的費用就好了。

一位在銀行工作的朋友有回在康沃爾（Cornwall）海灘的停車場待了一整天，因爲那裡才收得到手機訊號跟辦公室聯絡。當時公司正在談一筆大生意，需要他虛擬出席，後來他對我說：「沒有手機的話，日子要怎麼過呢？」我回答：「暫時離開工作崗位帶家人渡假，享受距離帶來的省思機會吧！」之後我們沒有再聯絡，但他倒是時時會寄電郵給我，而我通常會假裝人在海邊而收不到這些信。

這種事哪兒都會發生。有位中年女性朋友是新聞記者，每天晚上都要在小型電子產品的陪伴下睡覺，先生忍無可忍，指控這東西破壞他們的性生活，她回答說，她一整天都在開會，需要拎著手提電腦上床查看最新的電郵。這例子有點極端，但我知道很多人會帶手機上床，或者三更半夜將白天錯過的會議下載到平板電腦，抱著它一副像是在開會的樣子，這下子你對婚姻第三者就見怪不怪了。

我們不止在工作上想跟他人保持連結。推特（Twitter）就是一例，理論上，推特是分享資訊跟保持聯繫的有趣方式，但我不禁要問，會不會聯繫過了頭。我有幾位使用推特的朋友，只要我願意就可以一週七天、一天二十四小時得知他們的動態，張三早晨七點零八分正在吃鹹吐司，李四晚上十一點零四分在床上，或者十一點三十四分期待週末到來。我需要知道這些嗎？

這些現象爲何讓人在意？心理學家范恩（Cordelia Fine）在著作《住在大腦裡的八個騙子》（*A Mind of Its Own*）中提到，人腦的初始設定值是「相信」，因爲腦子是懶惰的，採取相信的立場比較簡單省事，但是當腦子極端忙碌，就會開始相信平常會質疑或不信賴的事物。你一定曉得我接下來要說什麼，但如果你特別忙碌或正在上推特，請容許我詳細說明。

我們因爲太忙於思考正確的替代方案，或腦子不斷提供新訊息以致窮於應付，於是我們的決策能力不再可靠，漸漸無法將不相關的事物排除在外，對自己的感受保持客觀中立，於是開始遭遇美國文化與政治理論家傑美森（Fredric Jameson）所說的：「文化誘發之精神分裂症」。

假如我們非常忙碌，腦子極可能不願聽從推論的結果，而去支持一些危險的事物或意圖傷害自己或他人的想法，造假、偽善和漫天扯謊，會在一個太忙碌或完全無法專注的世界中大行其道。說穿了，如果每個人都因爲太忙碌或只注意自身周遭的事，以致無法留意其他事物或提出質疑，邪惡的力量將不戰而勝，或者套句捷克作家昆德拉（Milan Kundera）的話：「人與威權的鬥爭，就是記憶與遺忘的鬥爭。」

這麼說來，我就有充分理由取消訂閱幾份電子報，並不時關手機，變成克勞瑟

（Hal Crowther）所說：「有福氣的失聯者」，地球的前途和生命的未來一如我們所知，顯然正岌岌可危。

多工的暴行

遊幕世代偏好多工和平行處理。英國通訊管理局（Ofcom）二〇一〇年的報告發現，十六至二十四歲的年輕人一天花六・五小時在媒體和溝通，其中二九％的時間處在多工狀態，相當於擠進九・五小時的活動。你可以一面讀書，一面上臉書並看電視，同時耳朵貼著行動電話。但是話說回來，你的腦袋有在思考任何有實質意義的東西嗎？學者包爾連（Mark Bauerlein）引述一位美國學生的話：「沒開電視的話，我就沒辦法專心做功課，安靜會把我逼瘋。」

加州大學洛杉磯分校的研究則發現多工對學習有反效果，「即使一面學習一面做別的事，」研究者之一波的瑞克（Russell Poldrack）說：「但由於學習是一件較不具彈性且較專精的事，多工會使你無法輕易從學習中擷取資訊，而當分心迫使你無法專心做好正在做的事，你就達不到完全專注下的學習效果。」

科學家使用功能性磁振造影（fMRI）發現，爲了發揮多工效能而不斷轉換任務，將損害腦部某些高階功能，特別是跟記憶與學習相關的功能。人一次只應付得了兩件事，但我們卻往往不記得自己做過的事、如何做到或做這件事的理由，有些研究發現，多工會提高腎上腺素和可體松等壓力荷爾蒙，透過生化摩擦使人提前老化。

根據史丹佛大學奧菲爾（Eyal Ophir）等學者的研究，重度多工的學生不僅反應比低度多工的學生慢，也較容易出錯，從好的方面來說，**重度多工者最快瞄到新資訊，擅於一眼揪出新點子，缺點是無法聚精會神在所做的事情，並容易躁動且古怪**。《瞎忙》（*Crazy Busy*）的作者赫洛威爾（Edward Hallowell）醫師指這種現象是「持續的低度恐慌與內疚」。加州大學爾灣分校的研究呼應以上見解，發現不斷分神去看電郵的人承受較高度壓力，加州大學洛杉磯分校的斯莫爾（Gary Small）表示，類似壓力可能導致短期記憶受損。

難怪昇陽（Sun Microsystems）的共同創辦人喬伊（Bill Joy）把二十一世紀的青少年比喻爲「蠢鄉民」，他在亞斯班研究所（Aspen Institute）二〇〇六年的慶祝活動上說：「這一切無論對我或對高中生而言，聽起來就像嚴重的時間浪費，如果我是美國的競爭對手，我會希望和我競爭的學生把時間花在這種蠢事上。」

或者如作家史特勞斯（William Strauss）和郝威（Neil Howe）的觀察：「二十一世紀的青少年成天上網又一心多用，看似自主卻又在乎同儕一舉一動，在人類智能或全球思考方面沒有多少長進。」

遊幕世代的腦袋

比較不同世代的差異可說是困難重重，但仍是預見未來的較好方式。許多人把用類比方式思考的人（X世代和嬰兒潮）跟用數位方式思考的人（Y世代跟二十一世紀出生的人）做比較，或者套用作家與遊戲軟體設計者普倫斯基（Marc Prensky）創造的用語，將數位移民跟數位原住民比較，他說：「如今的學生不是從過去的學生逐漸演變而來，而是出現非常巨大的斷層，我們甚至可以稱之爲一種稀有現象，一個從根本改變一切的大事件，以致沒有回頭路了。」

所謂的稀有現象正是二十世紀最後十年間，數位科技的到來與快速傳播。Y世代及更年輕的人們，一輩子離不開數位化和網路。

數位世代會怎麼想？和具備情感、覺知能力的智慧型裝置一同成長會是怎樣的情形？未來人類的心智是否會與機器結合，創造出某種後人類的混合品種？數位科技產品以滲透的方式與環境交互影響而造就一種新的心智，正如包爾連說的，**這種數位心智「在腦力上是機敏的，文化上卻是無知的，它相當知悉自身及網路周遭的其他人事物，但缺乏耐性且對廣大世界無知到令人驚訝。」**

華盛頓特區美國大學的語言學家拜倫（Naomi Baron）認爲，今日的學生之間存在一種「知能的遲鈍」，認爲長話短說（節省時間）才是王道，而更令人擔憂的是，學生是以不連貫的片段作爲思考方式，抱持同樣看法的還有塔夫特大學（Tufts University）閱讀與語言研究中心的神經科學家吳爾芙（Maryanne Wolf）認爲，學生在追求知識時會瀏覽、略讀，且通常採蜻蜓點水的方式，畢竟如果可以上網查閱谷歌資訊，又何必累積或記誦知識呢？

過去二十五年，西方文化的普遍共識認爲文字是重要的，某些規則需要被嚴格遵守，但是拼音、語法和文法對遊幕世代不再重要，他們講求速度和溝通量、高度警戒、搜尋和擷取。

個人電腦主張語言永遠是流動的，因此我們不該太擔心別人如何表達他們自己，畢竟喬叟（Geoffrey Chaucer，編按：十四世紀英國詩人）寫不出今天的流行語，思想內涵才是重點。按「讚」！

　　未來，人類和機器的互動將以口語和視覺爲主，我們會問機器問題，機器會回答，我們會聽文學和觀賞書籍。專跑科學新聞的記者也是美國普立茲獎得主葛雷克（James Gleick）如是觀察：「我們已經學會由影像動作而非文字符號構成的視覺語言，但是拼音、語法和文化確實仍然重要，實體書也是，它們全都在傳達思想，如果對任何一項設限，等於限制了思考和討論。」

　　早就有人擔心思考的前途了。卡爾（Nicholas Carr）在《網路讓我們變笨？》（*The Shallows*）中提到，在柏拉圖的《斐德若篇》（*Phaedrus*）中，蘇格拉底哀嘆人們開始依賴書寫文字，他認爲書寫雖然表現智慧的皮毛，卻犧牲了眞正的洞見，十五世紀的幽默作家史奎西亞費寇（Hieronimo Squarciafico）認爲古騰堡（Johannes Gutenberg，譯注：十五世紀德國人，發明以機器印刷）及無處不在的紙本書，會使人懶惰且比較不好學。

　　話雖如此，書寫和印刷不但沒有減損專注力，反而增加。**書寫在紙上（那年頭紙價昂貴）或慢讀一本書（書的價錢比紙更貴）會讓人認眞花時間思索，閱讀是深入、愼思、專注因而持久的事，但手機、搜尋引擎和電郵等科技則恰好相反，會使人腦袋一**

片空白。作家威廉森（Geordie Williamson）將此現象稱爲：「將人類心智的功用外包給另一個強力觸媒」，我們的閱讀量或許變多了，但大部分的閱讀（和書寫）內容都是斷簡殘篇，不是我認爲重要的那種閱讀或書寫。

紙本書和電子版做一比較。數位書籍加快人們的腳步，因爲我們幾乎不需要廣泛理解、文字鋪陳或背景敘述；反之，紙本書讓人放慢速度並反思，它以數位資訊辦不到的方式與讀者面對面交談、形塑與指引思考。

不僅如此，康乃狄克大學（University of Connecticut）發現網民總是不擅於判斷網路資訊是否可信，這項研究要求學生上一個惡搞的網頁（http://zapatopi.net/treeoctopus）閱讀關於樹章魚的文章，結果九成學生認爲該網頁是値得信賴且可靠的消息來源，儘管文章中提到諸如「綠色褐瓶」（Greenpeas，譯注：正確應爲Greenpeace）與「善待南瓜」（People for the Ethical Treatment of Pumpkins，譯注：正確應爲「善待動物組織」（People for the Ethical Treatment of Animals））的組織名稱。

另一項研究來自網路研究學者尼爾森（Jacob Nielsen），他請兩百三十二人使用眼球追蹤工具（eye-tracking tools）閱讀螢幕上的資料，結果發現只有六位參與者以線性方式閱讀網頁，其他人會像攝取了咖啡因的兔子般亂跳，他們快速思考某一點，然後衝到另一個色塊或字體的地方瞄一下。尼爾森進一步發現青少年閱讀網路的速度比成年人快，但注意力集中的時間比較短，遇到困難的地方往往會略過。

在數位產品或螢幕上閱讀與在紙本上閱讀的差異在於，書籍是思考系統的一部分，書籍並不是單獨存在，而是依情境而異，包括相對於其他書籍及相對本身的歷史定位；但數位書籍和螢幕閱讀通常是不同的，因為資訊成了內容，獨立於所有闡述的文脈之外。相當程度地偏離書籍，也等於偏離了部分的文化傳承與理解。

然而，閱讀螢幕的內容既快又適合搜尋事實，尤其當網路連線無所不在時。相反地，閱讀紙本讓我們有機會反思，最適合嘗試理解全部論點或概念，兩種閱讀形式應該並存。

我們需要達到對的平衡，並限制特定裝置只能在特定環境使用，鉛筆和書依然重要，因此雇主與教師在接上電源登入電腦前有必要三思。**有時我們需要放慢學習的速度，既然已經有了慢食和慢活，何不再來個慢讀和慢想呢**？

IQ測驗把孩子變笨了嗎？

過去四十年，擁有大學學歷的英國人大幅增加，根據經濟合作暨發展組織（OECD）的研究，二十五至三十四歲的人當中，二九％受過OECD所謂A型高等教育（基本上來自大學，目前將範圍擴大），至於五十五至六十四歲的人則只有一六％。換言之，上大學的人變多了，大學教育的普及意謂更多人在思考，但未必等於思考的品質更好。此外，凡是研究或統計數據證明人們普遍變得更聰明，似乎都會有另一些研究或統計數據提出反證，尤其針對非常特定的領域或特質。

舉例來說，美國國家藝術基金會（NEA）的一份報告發現，美國閱讀能力分數的停滯或降低，與青少年閱讀書籍數量減少不無關連。一九八四年，十七歲的人當中約三〇％表示幾乎每天會以閱讀作爲休閒娛樂，到了二〇〇四年就掉到二〇％，至於從不閱讀的人佔一九％，比一九八四年高出九％。二〇〇六年，加拿大諮議局發現近九成雇主認爲閱讀理解力非常重要，可見學生的行爲與雇主的需求之間似乎存在差距。

以下是個有趣的機智問答。紐西蘭奧塔哥大學（University of Otago）的榮譽教授弗林恩（James Flynn）說，智商在二十世紀當中呈緩步成長，自從IQ測驗問世以來，每十年會相當一致地提高三分，此外變聰明有加速的跡象，一九四七至一九七二年之間每年上升〇・三一分，到了一九九〇年代每年增加〇・三六分。

換言之，閱讀二〇〇一年出版《哈利波特：神祕的魔法石》（*Harry Potter and the Philosopher's Stone*）的孩子比閱讀一九四七年出版的《調皮啄木鳥》（*Woody Woodpecker*）的孩子聰明，而現在又遠比那些在閱讀艱澀書籍、用手寫長篇文章中成長的祖父母來得聰明。

然而，在充斥成績不及格、不識字、電視實境秀《大老哥》（*Big Brother*）、芭莉絲・希爾頓（Paris Hilton）和「吉他英雄」（Guitar Hero，編按：音樂體感遊戲）的年代，我們又怎麼可能變得更聰明？但理論倒是不少，像是改善飲食、更多休閒時間、家庭人數變少甚至電玩遊戲等，或許比較好的解釋是我們對智能的觀點，特別是如何經由ＩＱ測驗來衡量智能。可是，哈佛大學教授顧爾德（Stephen Jay Gould）和加納（Howard Gardner）等多位評論者，都對ＩＱ測驗的用途提出諸多反論。

ＩＱ測驗是衡量解題的邏輯能力或抽象推理的合理方式，受測驗者被要求在不同標的物之間尋找相似性，將物件按邏輯順序排列，或在心裡模擬移動幾何圖形。測驗包含分類和關聯，而多年來這些能力顯然已有進步，但和電玩遊戲或網路完全不相干，這點並不令人意外。

一九〇〇年的人非農即工，太需要具備抽象或概念思考能力的人，所謂「智能」在大學以外的地方被視爲是解決現實（物質）問題的能力，因此以ＩＱ測驗來衡量的智能就一直不高。但是一百多年來，對抽象或概念性思考的要求大幅增加，於是我們在ＩＱ測驗最擅長衡量的非語言智能也進步許多。這點解釋爲何ＩＱ分數愈來愈高，同時英美卻有數百萬工作者屬於機能上的文盲、科學盲，也說明爲何遊幕世代在ＩＱ測驗上得高分，而雇主最不滿意的卻是缺乏閱讀、寫作和運算的基本技能。

如果把測驗結果和識字與數理理解力分開，就會發現今天的學生並不比五、六十年前的學生聰明，某些情況下還要笨。根據一項澳洲的研究，二〇〇三年的中學生比一九六四的中學生約低四分之一的分數級距，作家卡爾也指出，用來衡量「記憶力、字彙、通識，甚至基本運算的測驗，顯示進步極小或沒有進步。」

換句話說，認知技能的大幅提升與更擅於運用邏輯和假設有關。簡單來說，我們活在道德倫理問題比較重要的時代，在工作與休閒上遇到的智能挑戰多過體能挑戰。

強森（Steven Johnson）在驚世駭俗之作《開機》（*Everything Bad is Good for You*）中提到這點。他主張通俗文化〔從《法網遊龍》（*Law & Order*）和《ＣＳＩ犯罪現場》

的電視節目，到《俄羅斯方塊》（*Tetris*）、Myst和Grand Theft Auto等電玩遊戲〕對智能的要求更嚴格，於是人們被迫花更多精神來參與。我們的外在環境正在改變，遊幕世代的抽象推理能力產生正面影響，畢竟人的心智本來就具備順應環境的能力。

我們確實需要一個能立即反應或監控快速流動資訊的心智，我們確實需要懂得鑑別的心智，而遊幕世代在這方面佔有優勢。但是，**我們也需要一個好奇、調皮、充滿想像且具深度的心智，又能以令人信服的方式，簡潔明快表達自己的想法，**這就要帶領親愛的讀者進入下一章，直奔校園，來到我們的下一個世代。

第2章

老師不可不知的事情

「心智不是用來填塞的容器，而是用來照亮的火炬。」

——普魯塔克（Plutarch），古希臘作家與其說是遊幕世代把文化與神經學的疆界向外延展，不如說是目前十歲以下的世代〔又名千禧世代、A世代、Z世代或蘋果兒童（iKidz）〕不清楚自己置身在眞實還是虛擬世界，也不知道自己究竟會不會區分兩者的差異。

對這世代的孩子來說，生物體和機器之間的區別小之又小，他們認爲基因學、機器人學、奈米科技和網際網路，將進化到成年人目前所能想像的最大極限。

科技將完全嵌入他們的生活，五歲左右的孩子大多知道也會使用谷歌（這是個動詞），根據《韓國先驅報》（*The Korean Herald*）的報導，三至五歲的韓國幼兒中，五二%有上網的習慣，每週平均上網四小時。

英國通訊管理局的報告提到，八〇%的英國兒童在十一歲前已經有自己的手機，到十二歲時每週上網八小時，十到十一歲的英國兒童平均上學時數爲九百小時，與家人相處的時間爲一千三百小時，坐在螢幕前則是兩千小時。美國的情況也類似，美國小孩平均一週使用電腦十小時、六小時上網、十三小時看電視。

世界各地的孩子從未曾像現在這樣，在如此年少之際便彼此聯繫，而且範圍如此廣闊（主要透過網際網路和手機），**孩子在學校學到的和家庭教導的價值觀被科技傳播的資訊與意見削弱，尤其是來自父母、教師幾乎無從控管的行動裝置。**

常識告訴我們，老是黏在螢幕前不是件好事，但是數位帶來的刺激會改變頭腦的結構嗎？愈來愈多人認爲會。卡爾說：「除了字母系統和數字系統外，網路肯定是使用最廣泛、最具改變心智力量的科技……人腦的可塑性也包藏智能衰退的可能性。」

華盛頓大學幼童研究學者克里斯塔克斯（Dimitri Christakis）表示，四歲前的孩童每看一小時電視，就會在七歲前增加注意力缺失問題的風險達九％。以現況佐證，英國有七九％的孩童臥房裡有電視；醫師開立利他能（Ritalin）治療過動症，在過去十年也成長三倍；美國有三三％的孩童家裡的電視永遠開著或多半開著。

甚至有研究顯示，四到六歲的孩童中有五四％寧可看電視也不願跟父親相處，加上網際網路跟各式電玩，孩子老是把時間花在玩具和能帶來立即獎勵的體驗。只要按個鍵就有事情發生，於是他們渴求不斷變化且往往受過度刺激，他們期待被逗得開心也想要視覺刺激（在家跟在學校），於是漸漸失去人類自得其樂或獨自沉思的能力。

年輕人的腦袋值得我們一探究竟。一九八一年諾貝爾醫學獎得主修伯（David Hubel）和威索爾（Torsten Wiesel）就發現〔**編按：當年獲獎者三人，另一位是史培瑞（Roger Sperry）**〕，當腦內深處的主要電流迴路被擱置不用，年輕人的腦部會出現空窗。當以視覺爲主的訊息輸進腦部，空窗可以達數週之久。怎麼知道這是眞的？因爲有些孩子在這關鍵的空窗期視力嚴重受損。

研究證實，當人腦特定部分的神經布線系統沒有被置入時，腦部的特定區域會成爲三不管地帶。通常這種現象不會造成問題，因爲人腦在其生命過程中會自己重新配線，但也出現幾個不幸的案例。就好比有位電工照原定計劃造訪腦子卻無人應答，而且他只有一次造訪機會。這也就是爲何我們需要嚴肅思考，年輕腦袋的現況發展將帶來何種影響。

沙箱裡的思考空間不足

「自由玩耍」指的是由孩子自動自發、未經設計的想像遊戲，根據《小兒及青少年醫學月刊》（*Archives of Pediatrics and Adolescent Medicine*）的一份研究，自由玩耍的現象愈來愈少見，部分原因是互動玩具與遊戲愈來愈多，這些玩具與遊戲遵循先決法則，也就是電子遊戲跟電玩遊戲按照製造者事先訂定的制式規則。但自由玩耍沒有規則可循，於是孩子被迫發揮自己的想像力與求知欲。

舉例來說，一個世代以前的孩子利用工具箱來建構模型飛機、用樂高堆成各種東西，這些玩具充分佔據他們的心，開發他們的想像力與解決開放式問題的能力，特別是推翻指令或把零件拆解後變成另一個東西的能力，近來樂高積木附了事前設定好的配套元件（很難光買積木），一旦組裝好配套元件就沒有太大的發揮餘地，因爲裡面有太多量身打造的部件只有一種用途。

最近我哄兒子上床睡覺，讓他讀一九五八年的書《嗜好的老鷹之書》（*Eagle Book of Hobbies*），這本書有點像《男孩的危險之書》（*The Dangerous Book of Boys*）的改良版，結果我兒子著迷不已。書中提到如何從零開始建造模型飛機，還談到露營、金屬加工、小口徑步槍射擊跟化學（自己製造氯氣）。現在的人偏執又害怕風險，剝奪了兒童生活中大部分的樂趣。

完全由孩子發明的幻想遊戲並不是毫無意義。高瞻遠矚（HighScope）教育研究基金會的研究發現，**弱勢家庭的孩童參加以遊戲為導向的學前教育，相較於年齡相仿但參加沒有遊戲、遵循嚴格教條的學校孩童，前者成長後的社會適應力反而高於後者。**到二十三歲前，在童年時期未能充分玩遊戲的人約三分之一因犯罪被逮捕，其他人則只有一〇%。

心理學家佩勒葛里尼（Anthony Pellegrini）的研究則主張，男孩子間的打鬧能增進解決問題的能力，行爲神經科學家潘克塞普（Jaak Panksepp）等人的研究則發現，沒有固定架構的遊戲能激發腦部發展更高階的功能（尤其是與情緒和社會化相關的功能），《兒童心理學與精神醫學期刊》（*Journal of Child Psychology and Psychiatry*）的研究發現，自由玩耍與情緒健康呈正相關。如果你需要證據來證明低科技或無科技的遊戲是有益處的，你會找到一大堆。

孩子之間的自由玩耍有點類似小動物常見的遊戲方式，也說明自由玩耍在演化上可能有很深的淵源。有趣的是，雖然動物間的遊玩也出於自願，但當動物承受壓力或飢餓時便不會玩遊戲，弱勢家庭的孩子或受虐兒或許也是如此。一九九○年代，上千個孩子被關在羅馬尼亞六百個收容所的案例，讓我們想到類似凌虐帶來的影響。

除去極端的案例不談，完全不自由玩耍就實際而言當然是不可能，但是如果孩子在戶外遊玩的機會變少了，結果會怎樣？根據《每日郵報》（*Daily Mail*）的報導，七○%的英國父母不准孩子在沒人看管的情況下到戶外遊玩，一項由英國國家廣播公司（BBC）委託溝通管理學會（ICM）的調查則發現，有四九%的英國兒童被父母禁止爬樹。短短一個世代，我們就從「到外頭玩，天黑前不許回家」到「不乖就不准待在家裡用電腦」。用心良苦的父母擔心怪叔叔、擔心摔斷骨頭，和一堆孩子玩遊戲會有傳染風險，但過度保護年輕人會帶來什麼影響呢？

另一個重要的因素是，自由玩耍有時會邀請其他孩童參與，而同儕互動是孩子開發語言能力的關鍵，尤其是邀請其他孩童參與的幻想遊戲，因爲這些遊戲迫使孩子對那些只存在玩伴想像中的事物做出反應，語言與溝通能力便透過團體遊戲而得以發展。

以上所談的是否適用於虛擬世界的幻想遊戲，倒是個耐人尋味的問題，我猜想玩「模擬市民」（The Sims）和「孢子」（Spore）之類的遊戲是有好處的。根據研究，每週玩幾小時電玩的外科醫生，在開刀房犯的錯比不玩的醫生少，哪怕這些遊戲也都是制式的。儘管如此，這些遊戲或許能提高空間智能並增進合作解題的技巧，但是對深度思考的技巧幾乎無法幫助。此外，相較自發動腦玩遊戲，即使是最好的電玩遊戲還是大多事先設定固定格式。

此處的一大諷刺當然是父母捨棄自由玩耍，而偏好有組織的學校活動或生涯導向的活動，因爲他們相信這些活動能讓孩子更聰明也更成功，以爲遊戲和工作不能並立。但是，《發展心理學》（*Developmental Psychology*）期刊一份具前瞻性的研究發現，被准許以隨機方式跟某類尋常物體玩遊戲的孩子，相較一群被要求從事其他活動的孩子，前者為某個物體想出非標準式用途的能力遠高於後者。換言之，**自由玩耍助長好奇心、想像力和原創思考，這些正是近年來創新企業在尋找的特質**。

現在是極其複雜且不可測的年代，改變勢在必行。我們經常不得不面對一些顛覆過去想法的事，個人與組織需要應付意料之外的狀況與不熟悉的環境，如果孩子花時間從事毫無章法的隨機活動，就可以發展更好的因應機制，更懂得用新鮮的方式看待各種狀況，出奇招來解決開放性的問題。正如《邊緣競爭》(*Competing on the Edge*)的作者布朗(Shona Brown)與艾森哈特(Kathleen Eisenhardt)說的，如果我們想發揮全部潛能，必須在架構與渾沌、實驗與執行、策略與即興發揮之間創造平衡。

另一個和青少年有關且令人擔憂的趨勢是家庭作業。高級中學(senior school，**譯注：為英國學制，招收十四歲以上的學生**)的家庭作業讓人窮於應付，至於小學(junior school，**譯注：是指英國的小學**)，極少證據顯示家庭作業對發展有任何實質貢獻。既然如此，我們為何認同家庭作業的價值？家長誤以為家庭作業能培養孩子的優勢，這樣的優勢最終將帶來長遠快樂的人生。

然而，當年紀很小的孩子有過多家庭作業時，父母花在孩子身上的時間也隨之減少，父親每天與孩子單獨相處的平均時間為十分鐘。最關鍵的在於，孩子自由玩耍的時間變少了。愛因斯坦曾說：「本能的心智是寶貴的禮物，論理的心智是忠實的僕人，我們創造了一個表彰僕人卻忘記禮物的社會。」

我們也創造一個社會：學校教育孩童如何通過考試，但通常不教孩子如何思考。幸好有些學校不是如此。二〇〇九年英國排名第一、位在牛津郡（Oxfordshire）的卡姆教堂（Combe Church）小學就兩者兼顧。這所學校開設哲學課程，讓十一歲以下的孩童討論是否偉大的事物能帶來幸福，學校還舉行大型集會讓孩子思索富有是否比貧窮重要。不過這樣的學校畢竟是例外。

另一個眾所周知的，就是父母愈常和幼兒講話，孩子的語言能力也發展愈快。父母對幼兒的關注程度非常重要，一九八〇年代前的嬰兒車多半讓嬰兒面對父母，現在的嬰兒車和學步車往往讓嬰幼兒背對父母。此外，如果父母老是離不開iPod跟手機而不是跟孩子在一塊，親子溝通的品質會變得如何？受影響的不僅是小嬰兒，較年長的孩童常常說，父母轉頭盯著電子產品時令他們有受傷的感受，尤其是用餐時、放學接他們回家時、運動比賽或其他課外活動時。

拼貼式教育

你以爲學校是少數幾個控管或抗拒數位科技的地方之一，尤其針對較低年級的孩童。你認爲教師和學生的互動關係最重要，唯有當科技的好處被證實才緩慢改變。你以爲多數家長也有同感，實情卻恰恰相反，儘管有大量證據證明，某些教育環境中應該審愼使用電腦。

只要花一片互動式電子白板的錢就可以買到一大堆書，但各個國中似乎還是前仆後繼將教室變得猶如美國太空總署（NASA）的任務控制中心，師生每人一台蘋果筆電。舉例來說，澳洲政府最近承諾花二十億元澳幣，給每位九至十二歲的學生一台電腦，美國加州政府則是用電子書取代教科書。儘管如此，我並沒有看過任何研究報告指出，增加電腦支出與學生學習或考試成績的進步之間存在正相關。

事實剛好相反。蘇格蘭的學校督導曾經寫到：「沒有證據顯示，將資訊與通訊技術使用在學習和教學上，是取得正式資格或國家認定等級的直接原因。」

另一份慕尼黑大學的報告，觀察三十一個國家中十五歲學生的評量測驗發現：「在學生、家庭和學校背景不變的情況下，家中是否擁有電腦，與數學和閱讀表現之間呈現統計學上的強烈負向關係，至於學校電腦的取得便利度則和表現無關。」二〇一〇年，杜克大學（Duke University）維格多（Jacob Vigdor）教授共同撰寫的報告更是驚人，這份研究觀察二〇〇〇至二〇〇五年之間，一萬五千名學童在閱讀和數學方面的成績，將他們接觸電腦前後的分數分開，結論是家中有電腦的孩童考試成績不如家中沒有電腦的孩童，而且這份研究還是在臉書與推特出現之前做的。

資訊與溝通科技不是萬靈丹，光靠它的力量無法把不好的老師像變魔術般變成好老師，反而是政府增聘教師或提高教師待遇的效果會好很多，只是這個提議的贏面不大。二十億元澳幣可以分給每位教師每年約八千元，或增聘大批新老師或教室助理一年。

重點在於如何運用科技以及何時不用。我認爲，利用科技吸引孩童愈來愈短暫的注意力相當不合邏輯。無疑地，**學校面臨的壓力是如何讓孩子一直有學習興趣，但如果孩子不安定且不專注，你需要放慢而非加快速度**。此外，我們也變得太重視虛擬互動，如果科技真的那麼了不起，爲何英國針對十一歲孩童的認知測驗顯示，平均分數比十五年前的同齡兒童慢了兩到三年？

書籍依然很重要

年輕人吸收資訊的方式正快速且劇烈改變，現在的人捨報紙書籍等被動媒體而偏好互動媒體，最好還是可以共同創造跟控制的媒體。

然而，如果每件事都要個人化，最後將再也沒有共同的經驗可言，年輕的孩子幾乎只活在此時此地，過去與未來都太遙遠。這種現象的潛在後果，就是愈來愈少人將實體書視爲具歷史價值的珍藏物，也愈來愈少人因爲書籍代表社會思考的歷史紀錄，且書中內容多半「谷歌」不到，而對年長者的價值給予正確評價。

幾十年來，大部分的國家以閱讀當作消遣的人變少了，尤其是閱讀小說。這是個嚴重的問題，因爲閱讀直接影響智能和學業成就，美國一份名爲「M世代」的《凱瑟報告》發現，「任何種類的休閒讀物與學業成績的關聯，比其他任何媒體都還要密切。」

書籍將以某種形式存活下來，但是當無聲的文字不斷遭受活蹦亂跳的「過動文字」威脅，給社會帶來什麼暗示？當影音被認爲比書寫文字更有用，我們的文化會變成什麼樣子？答案極可能是，大部分的人會閱讀但大多選擇不去閱讀的後文字社會（postliterate society），文字成了藝術品，視覺思考才是主流，助長了腦袋空空的數位快樂主義，認爲新奇的事物比品質更加重要。

線上閱讀和閱讀實體書是完全不同的體驗。**人們上網時通常是急忙的，想在最短時間內擷取資訊或有用的東西。相反地，不上網的時候往往比較從容，更能運用想像力。**當時間成爲要素，溝通的同理心與清晰性也被打折扣，此處的關鍵在「分神」。上網的時候，我們會一直想去看其他連結的資訊，看紙本書就不會如此。至於電子書則介於兩者之間，它並非一直與網路連線，只是我們需要更多研究以確知螢幕本身是否造成某些影響。

英國的教師與講師協會（ATL）調查顯示，學生所交的作業有二五％直接從網路複製素材，有時是小心謹慎地抄，但經常不是。一位老師提到，有位學生複製資料時太過匆忙，以致沒想到要刪除網頁上的廣告。複製資料變得容易到有些人不再對自己所做的事深度思考，然而這不盡然是問題，譬如此次研究中有位老師提到，剪貼網路資訊的學生多半是在無知的情況下做的，一旦將何謂作弊以及剪貼是不對的行爲解釋給他們聽，大部分學生便不再這麼做，但誘惑永遠都在。

正如心理學家歐恩斯坦（Robert Ornstein）所說：「識字是獲得知識的眾多手段之一。」生活的步調愈來愈快，要吸收的資訊愈來愈多，我們必須懂得在短時間內找到自己要的東西。因此，知道到哪裡尋找並快速分析，以便從大量資訊中擷取想要的，就成了關鍵技能。

有技巧的搜尋在資訊爆炸的世界無疑是種寶貴的能力，但是「現場知識」（即時學習）使人的理解變得膚淺，而我們對速度的迷戀將導致犯更多錯。此外，試圖同時吸收多重來源的資訊迫使我們的思考變得更淺薄，深度思考幾乎不復存在，更別說是反思。根據二〇〇九年一份由學者奧菲爾與華格納（Anthony Wagner）的研究，多工作業逐漸成爲正常狀態，尤其年輕人自認擅長此道，即使有跡象顯示情況恰恰相反——年輕人是最不擅長多工的一群。此外，研究指出多工可能傷害思考能力，使人漸漸不知如何忽視不相干的資訊。

缺乏專注力或是感覺時間不夠用所代表的意義是，必須爲每一件事物創造縮短的版本，或者把來源公開的教科書貼上網、添加一些養眼的互動元素，好讓課堂熱鬧滾滾嗎？如果孩子難以專注或搞不懂莎士比亞的作品，增加互動學習（比較像迪士尼的比重不見得是解決之道。

首先，教孩子艱澀的事物會有什麼問題？困難造就韌性，而韌性正是當今嚴重缺乏的特質。一言以蔽之，我們變得弱不禁風，我們的腦與身體只接受軟爛的東西，公平性和親近性的觀念將我們與困難和不和諧隔離，例如目前英國有數百所學校禁止老師用紅墨水寫字，因爲紅色被認爲太具衝突性或威脅性。

如果我們把教育和生活變得太容易，恐怕會造就出欠缺求生技能的世代，看似見多識廣且精於世故的孩子，其實信心極端不堪一擊，因此艱澀的書籍應該成為必讀，且在終生學習的精神下，鼓勵成人多閱讀與讀好書。

何不針對市面上對豐富心靈毫無助益的產品與體驗課稅，將稅收用來補貼其他更有用的心靈體驗？藝術界與BBC已經這麼做，我也認爲我們應該擴大該原則的適用範圍，仔細思考大腦補給的含意。

未來的機器將比人類更擅於儲存與應用資訊，因此，教導人們抓取即時知識終將退流行，至少變得無關緊要。當學生嫻熟基本功，我們應該訓練他們養成深度且不隨波逐流的思考。但是，如果書籍轉成數位形式，又如何達到上述目標？當年輕人被鼓勵從螢幕上的某個圖片跳到另一個圖片，又如何將嚴謹的觀念注入他的心智？

像孩子般的思考

孩子顯然比成人更願意接受新觀念，但這是否與經驗較少或左右腦的發展差異有關則不得而知。當孩子日漸成長，與生俱來的獨創性和好奇心也日益淡薄，最終因社會化而消失殆盡。數位科技是否加速社會化的過程？如果是，那我們可就麻煩了，因為年輕的心是無價之寶。

在國小和國中教育階段，老師通常告訴我們每件事都有對與錯的答案，除了極少數例外。老師告訴我們，精確的邏輯思考是通過考試與進入大學的方法，教育將重點放在連貫性、歸納和邏輯思考，這套教育系統一以貫之，儘管它應該更開闊、將更多系統一併納入。

教育家羅賓森（Ken Robinson）指出，人們創造教育制度是為了滿足某種特定產業（進修教育）的需求，因此某些主題被認為比較實用，但為何培養創造力的課程不能跟化學課平起平坐？此外，我們教育孩子是從腳開始。首先是腳（走路），接著往上到手（寫字），然後是腦袋（記憶與理解），但過程中的獎勵卻偏向半側的腦。

如果你的目標是邏輯與線性思考能力，上述現象或許不成為問題，但如果社會要培育的，是懂得複雜系統並發揮創意，和各組成份子重新排列組合的人才，讓他們爲經濟體注入創新的活水源頭，那麼你不僅需要更寬廣的背景，也需要文字。在這樣的背景下，經驗不足和一顆開放的心會相當可貴。

孩童與成年人都會有意無意在心中進行過濾篩選，以判斷某件事物是否有用。但是，這些過濾器可能太早就把一些新的構想淘汰掉，我們變得太在意構想的缺點，擔心別人會怎麼看待我們或構想，這麼一來就會產生問題，因爲構想的產生與傳播先天上就無法閉門造車。

自古以來，孩子通常不會意識到別人對自己的看法，他們保持開放的心，不會因為行為的潛在後果而瞻前顧後，他們的想法天真無邪，願意瞎猜也願意實驗，不被可能的後果阻礙，因為能夠無視成年人與同儕的銳利眼光，所以他們不怕犯錯，也會花時間把事情做到對。

不幸的是，隨著年歲漸長，我們所受的教育也將這些特質帶走，進入青春期後便開始在乎速度以及同儕對我們的看法，於是無論在學校還是職場，犯錯往往變成很糟的事。只要看人們老是掛在網上就知道了，總是在臉書這類網站上不斷探看他人在做什麼，即使你選擇退出社交網站也不表示就此消失，人們還是會散布你的圖片跟留言，因此大部分的人選擇保持連線並且掌控實況，有人對我說：「如果你不跳下去，別人會替你這個人下定義。」現在的你如果犯了錯可是很難磨滅的。

儘管如此，犯錯對於探索、洞悉和創新是絕對必要的，從錯誤學到的會比從對中學到的多。但問題也正在此，如果孩子的成長速度更快，以及數位時代逐漸侵蝕隱私權是大勢所趨，像孩子般勇於實驗與單純思考會變得如何？

克雷（Seymour Cray，高速電腦的早期設計者）要的就是缺乏經驗，他一向雇用菜鳥工程師，因爲他們還不知道哪些事情不可能。豐田汽車（Toyota）也類似，這家公司曾經組成「孩子委員會」，請他們針對產品開發提供建議，玩具公司孩之寶（Hasbro）也是，就連全錄（Xerox）知名的帕羅歐多研究中心（Palo Alto Research Center，簡稱PARC）都曾經邀請學童參加一系列關於科技未來的會議。

年輕人往往具備旺盛的精力與信心，他們不按牌理出牌，較不遵守傳統或基本教義。缺乏經驗，或者說，在他們腦中沒有僵固的資訊，可以是大缺點，也可以是大優點，換言之，他們就像璞玉般，類似愛因斯坦所說：「永遠無法在問題出現的層次上解決它。」太專精或太封閉就什麼也看不到，但是只要後退一步，有時會看到不一樣或更寬廣的風景。

敢做夢

語言能力在童年之初便大致發展完畢，且通常被認爲是意識心的產物，我們最後教孩子文字與文法，但他們早年學到的大多不是透過正式教育，於是華盛頓大學神經學家薛德倫（Michael Shadlen）等人便提出新的理論，主張潛意識（或稱無意識、前意識、非意識）思考與意識思考不可分，而且不等於不思考或未受指導的思考。

他的理論是，我們的潛意識心永遠都在運作，不斷掃描外部環境尋找微小的資訊，通常在不到一秒之內看、聽、碰觸或感覺，而後決定是否將這個資訊跟意識心連結。這就好比守門員，在記憶的形成、語言發展和構想的創造中扮演不可或缺的角色，因此你可以主張，人在意識的層次上不過是一台機器，在不知不覺中受到連自己都感知不到存在的東西指引。

如果機器變得更擅於邏輯思考，學校當然就該營造環境與體驗，來激發更多概念性與情感性的思考。學校應該使學生具備該有的能力，面對一個知識不再固定不變、價值觀來自與他人情感連結，並需要想出實用或不實用新點子的世界。因此**我們應該停止把片段知識塞進孩子腦袋裡，而要點燃他們的想像力。**

教育的目的應該是灌輸並培養求知欲和與生俱來的好奇心，教育也要培養人道關懷的心。同樣地，學者的研究重點不是他們自己在想什麼，而是他們如何改變人們的想法。因此我們應該稍稍放慢教育的步調，別再被本能所困；我們需要少一點事實、多一點背景脈絡；我們應該少迷戀短期的衡量結果，少關心目標跟結局。

我們也必須讓孩子像個孩子。他們需要做夢，不受時間、現實考量或不同意見的束縛，否則我們創造的世代將是一群懂得尋找快速解答，卻不知道如何產生並探索有深度、有意義問題的孩子。**我認為，不斷感到好奇、頑固的決心加上時間，是想像與原創力的核心，但現在的人對這些特質的重視程度卻少得可憐**。

此處的關鍵在於，大部分的早期教育與日常生活讓我們變得不敢冒險，只能按表操課製造能被社會接受而且有賣點的產品。一旦你離開主流就愈來愈難歸隊，可被社會接受的技能也快速萎縮，深度思考愈來愈被視爲菁英主義，而我們正目睹人們集體快速變笨。探索、洞悉與發明全都需要實驗，而實驗往往是混沌且無法預知，需要挑戰現狀與權威，但一般教師可能不會喜歡把教室弄成這種氣氛。

既然未來的世界將變得更快速、更科技、更虛擬且更制式，孩子和我們這些大人需要反向平衡。**我們需要更多低科技的自由與實驗，也更需要親自動手做，需要更多**

白紙跟鉛筆，需要專注在使我們成為獨特個體的事情上。

慢想10力：讓孩子不流淚的創意教養10策略

- ✔以自由玩耍為主而不是有組織、有架構的遊戲，以免妨礙想像力。
- ✔別太強調以狹隘方式衡量的結果。
- ✔避免太著迷於資訊通訊技術而犧牲教師與書本。
- ✔運用創造力與理性的學科並重，以培育企業所要的原創與想像思考能力。
- ✔減少家庭作業以增加親子時間，並鼓勵發揮想像力的自由玩耍。
- ✔設法幫助忙碌的家長花較多時間陪孩子。
- ✔鼓勵家長限制孩子過於使用資訊並減少虛擬互動。
- ✔停止對健康與安全的過度恐懼，讓孩子走出戶外親身探索。
- ✔要記住閱讀不盡然都是有益，並且多留意媒體。
- ✔避免讓電子產品（特別是手機）的資訊和意見，取代家長與教師的教導與價值觀。

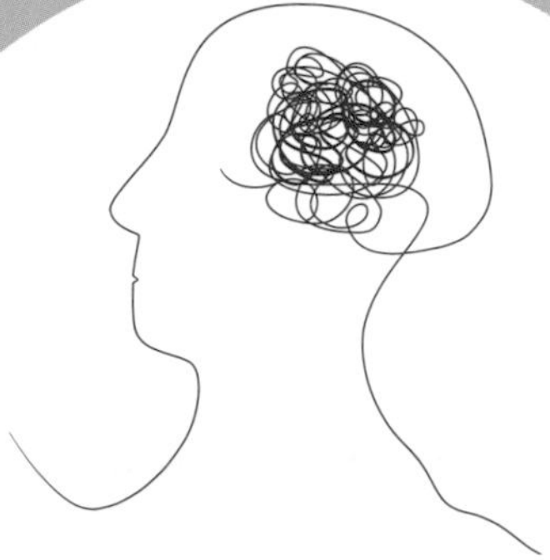

PART II

深度思考，就會孵出創意點子

如果我們真的如此聰明
為何讓自己的心被一連串數位科技攪得不得安寧
為何大家不多花點時間慢慢思考
一次把一件事情做好
為何容許機器摧毀人類特有且讓生命值得一活的事物？

第3章

請安靜，我正在思考

「你的頭裡一定還殘存腦子的痕跡，
你的心裡一定還有想再當一次人的欲望。」
——麥高漢（Patrick McGoohan），英國演員

現在流行主張人腦就像複雜的機器，說得更明確些，人腦就像電腦，心智是軟體或作業系統。由於網際網路的規模逐年加倍，即將超越人類智慧而且具有自我覺察力，人類也終將無可避免成為歷史的陳跡。雖說果眞如此也不會一夕發生，但已經有人打賭何時會發生，未來學家也是發明家寇茲威爾（Ray Kurzweil）相信，二〇一九年時人類花一千美元就買得到一個具備相當於人腦處理能力的盒子，蓮花（Lotus）軟體公司創辦人卡波（Mitchell Kapor）則預言，到二〇二九年時將會有機器通過人工智慧的涂林測驗（Turing Test，**編按：機器能以高成功率瞞過詢問者，表示機器具有人腦思考能力**）。

這些想法並不新奇。一九三八年，威爾斯（H. G. Wells）撰寫的《世界之腦》（*World Brain*）是一本能幫助人類充實知識的百科全書，接著有德日進（Pierre Teilhard de Chardin，**編按：耶穌會士，也是人類學家**）的《心智圈》（*Noosphere*）以及蜂巢心智和語意網絡等概念。至於會思考的機器人成為人類嚴重威脅，也已經不是新鮮事了，即使這些想法登上報紙頭條，卻徹底扭曲人類心智的運作方式與其獨特之處。

人腦極度複雜，它的特性是電腦科學家與軟體工程師設法避免的。換言之，人類的心智遠比一串「0」和「1」要複雜許多。現在五歲孩子的常識多於電腦，如果馬克斯（Groucho Marx）還活著繼續研究人工智慧，一定會搬出他的名言：「這種東西五歲娃就懂了，派誰去找個五歲娃來！」

機器人也是。我小兒子的學校前些日子介紹機器人，於是我有機會看到一些課堂作業，其中一篇報告略述人類和機器人的差異，有個孩子寫到：「機器人不工作。」他指的是整體的無用，而非缺乏適合機器人的工作機會，這樣的論點不能說它錯。

孩子的一般智力高於電腦或機器人，是因爲孩子對外在世界的經驗比較多。葛申菲爾德（Neil Gershenfield）在其著作《當鞋子開始思考》（*When Things Start to Think*）中指出，許多人工智慧研究人員的錯誤，在於花太多時間、金錢研究電腦的腦子，花在電腦身體（也就是感知）的時間、金錢則遠遠不夠，當認知（cognition）與知覺（perception）連結，人腦就宛如雙行道而資訊在其中進出。同樣道理，智慧（相對於智力）與經驗有關，如果想製作一台有智力的機器，首先要設計出具備體驗與推理能力的機器才行。

人腦的獨特性與價值也正在此。換言之，人類想必還要好幾年才能創造出近乎眞正的機器智力，在我喜歡的網站Longbets.org上，地球網（EarthWeb）的共同創辦人斯皮伐克（Nova Spivack）推斷，到二〇五〇年還沒有一台人工合成的電腦或機器的智力真正具備自我覺察力（意識），他也提到，主張電腦處理能力每幾年加倍的摩爾定律有個致命的瑕疵，就是能源的消耗也隨之增加。因此，人類或許設計得出超級聰明的機器，卻會發現負擔不起運轉這種機器的成本。

評論者當然會搬出一九九七年ＩＢＭ深藍（Deep Blue）電腦擊敗西洋棋王卡斯帕洛夫（Garry Kasparov）來辯解一番，但即使電腦精於西洋棋藝，其他方面卻無多大用處，畢竟如果深藍真的很聰明，比賽後當然會跟其他幾台聰明的機器去酒吧慶功才對。此外電腦也很容易故障，而一旦故障可就不管用了。相對而言，人腦就算受到嚴重傷害卻大致還能運作，哪怕運作的方式有所改變。

人類心智的不可思議，在於人頂多只記得七、八個連續數字，用電腦術語來說，記憶七、八個數字只需要四十位元的記憶，相當於價值五美元計算機所擁有的記憶容量，但是人畫得出感動人心的繪畫，譜得出動人心弦的樂曲，也寫得出讓人捧腹大笑的書。

慢想10力：人腦勝過電腦，10現象可以證明

- ✔人類智能以經驗為基礎，根據的是我們對接收資訊的感官知覺以及對這項資訊的反應。
- ✔機器無法反芻自己的思考，因為機器不具自我覺察力。
- ✔人類擁有一般智能，機器則經過設定專為特定目的所用。
- ✔機器缺乏真正的官能。換言之，機器能夠「知道」冷這件事，但卻無法「感受」到冷。
- ✔機器沒有同理心或道德觀，也感受不到愛、喜悅、憎恨或任何情緒。
- ✔電子器具不具備創造、直覺或想像力。
- ✔人們擁有精神隱私，但機器的一舉一動都是透明的。
- ✔人類能將資訊下載到機器，卻還不能將資訊下載到人腦。
- ✔機器沒有潛意識心，然而潛意識卻超越意識心，而成為人類思想與行為的基礎。
- ✔人腦經過數千年演進而具高度韌性，且能適應不斷變遷的環境。

電腦有夠笨

關於資訊處理，人類與機器的智能之間確實有可以互較高下之處，但相似點也僅只是如此。簡單來說，電腦無法思索自己的思考內容，電腦是冰冷的，精於計算卻很愚蠢。電腦擅長邏輯分析，但通常沒有能力批判自己的思考內容，也無法想出問題。當機器沒有意識，就不算具備智能。

即使把這棘手的問題擱置不談，但科學家依然無法就人工腦的內涵達成共識，人腦不光只有資訊，至少人腦不光只有我們所知的資訊。我們的腦彷彿是裝了各種連結、化學物質和電流的汽鍋，但諷刺的是，這些東西無法被我們的意識腦理解。自己去想想原因吧。

就某方面來說，「機器是否將會比人類聰明」是個誤導性的問題，人類可能製造出專門用途的機器，在幾種例行公事、重複或具邏輯性的任務上比人類高明許多，卻不太可能在短期內製造出具有一般智能，在各方面均優於人類的機器。因此，**重要的問題不在於機器是否變得更聰明且更像人，而是人類是否會變得更無知以及更像機器。**

神經科學尚在起步階段，儘管尚有許多見識與發現可能推翻目前的學說，但神經網絡顯然迥異於電晶體的網絡。舉例來說，人腦與心智是相互依存的，因此用電腦的硬體與軟體來比擬就不正確。此外，儘管未來將製造出更聰明的電腦，但電腦如何能做出被人類視爲理所當然的簡單事情呢？

我們根據經驗和自我感知來預測人類思考，雖然人類思考是經由感官而直接「被感覺」，但也是經由其他人而習得。換言之，我們不僅明白事情，也會透過自己與他人多年經驗中獲得的意義脈絡來理解。

因此，雖然電腦可以被設計而「知道」空氣是冰冷的（例如經由簡單的溫度計），而後將這件事跟電腦資料庫其他冰冷東西做連結，但只有人類能親身體驗冰冷的感受。關鍵在於，只有人能在情感上將冰冷與其他情感經驗做連結，換言之，唯有人類有「心」。有趣的是，古埃及人正是認爲「心」具備邏輯推論和理性思考的能力。

唯有人類能思考冰冷的概念，能將冰冷與其他人曾經思考或體驗過的憤怒、喜悅、悲傷、恐懼和驚訝等感覺做連結。此外，每個人對同一個物體（例如繪畫）或事件的感受方式都不相同，因爲這個物體或事件中還包含其他物體與事件，以及更廣大的價值體系與經驗的資訊在內。

機器不具備同理心與道德感。因此，讓電腦看《人在溜冰的冬景》（*Winter Landscape with Figures Skating on the Ice*）之類的畫作是不會得到什麼回應的，未來的電腦或許能辨認圖片，告訴你那幅畫是凡歌仰（Jan van Goyen）在一六四三年的畫作，但即使如此，你卻不太可能得到一個充滿感情的回應，更別說是看到電腦因此受啓發而提筆作畫。

好點子？

人腦透過電化學處理發揮作用，思考則是在大腦皮質層內發生，神經生物學的發展功能性磁振造影技術（fMRI掃描器）的使用，加上正子攝影和量化電子腦電圖（Quantitative Electroencephalography，簡稱QEEG），爲人類提供了更多資訊，我們看得到從事不同活動時腦部各部分的血流，開始了解腦部活動如何影響行爲。然而，我們卻無法看著腦的圖像，確定是意識還是潛意識的思考正在發揮作用。

近來發現，注意力不集中可能與腦活動的改變有關，有些情況下注意力不集中可能導致相當嚴重的事故。因此，如果你能預測何時失去專注，理論上就可以預防事故的發生，這不完全是時光旅行的情節，但距此也不遠了。

諸如此類的發現讓一些人相當興奮，因爲他們認爲如此一來就能夠預測並控制人類行爲的細節，他們相信神經科學與商業結合將大有賺頭（或許他們不完全錯），儘管這種科技在此階段對宜家家居（IKEA）或可口可樂（Coca-Cola）之類的企業不能成爲賺錢生意。認知神經科學家布魯克斯（David Brooks）說：「這就好像晚間飛越洛杉磯的上空，凝視萬家燈火試著猜想人們在餐桌上都談些什麼。」

因此，我們仍不清楚人類創意如何發生，也還要等很久才能預測原創力或發展出一套解決問題或創造點子的有用法則。科學對人類的想像力也所知不多，科學家僅能界定何謂人類意識，至於解釋就甭提了。

有些人對此頗爲在意，因爲他們想製造出能創造點子的機器，又有人想多了解原創思考是如何發生，因爲發明是個好生意。

想想未來

回到人工智慧的議題，思考未來的人工智慧將發展到何種地步。人工智慧

（Artificial Intelligence，簡稱ＡＩ）一詞是由美國電腦科學家麥卡錫（John McCarthy）於一九五六年發明，他預想一個智慧機器的年代將在十年內成眞，他的預測跟其他類似預測差不多，預測的內容大致正確，只是預測的時間提前太多。

人類現在已經具備機器智能的雛型，只不過自己沒覺察罷了。假如用谷歌搜尋時打錯字，例如「解搭」，谷歌會問「您是不是要查：解答」。又例如，你可以買到具臉部自動辨識功能的照相機，只要在相機上設定幾張熟悉的臉孔，它就會在茫茫人海中尋找這些臉以確保清晰拍下影像。

聽來滿讚的，但這又是另一個數位科技縮小人類視野的案例。我們透過個人化愈專注早已熟悉的事物，就愈不會留意或關注其他事物，這年頭甚至有一種專爲八歲兒童設計的玩具，戴上耳機就可以利用腦波來操縱無生命的物體。現在只要花不到三百美元，就可以在住家附近商店買到心電感應玩具，未來更可想而知。

科學家也是科幻小說家芬奇（Victor Vinge）在一九九三年寫過一篇短文探討科技加速帶來的發展，「相當於地球出現人類生命」，他所說的是電腦處理速度和記憶升級，以近乎加速度的方式成長，至於人工智慧、機器人學和奈米科技也類似，根據寇茲威爾等觀察家的看法，這將導致後人類（posthuman）的混合物種與智能足以改造自我的機器，亦即所謂科技的奇異點（technological singularity）。

寇茲威爾在谷歌的支助下成立奇異點大學（Singularity University），根據他的講法，這種現象到二〇四五年之前大概會發生，寇茲威爾也相信在他的有生之年，也就是二〇五〇年之前，將可能把人腦中的內容以及思考處理過程上載到某種機器，然後這台未來的東西就創造出數位的永生。

將人腦的工作外包是否可能？電腦已經在分析資料並做出建議，亦即做決策。奇異電子（GE）早在一九九〇年代就一直在使用決策運算機制，其他如謬西格馬（Mu Sigma）、市場醫療（Market RX）和印福思（Infosys）等公司也著手開發可靠的決策軟體。轉包給機器來解決的問題或決策，包括在哪裡設立新廠房和新店面、如何針對部分客群定價，或者促銷預算該用在何處。

未來我們想的還不只這些。我們很可能會像那些具思考能力的外部機器般，也從內在操縱自己的腦袋。加州未來學院（IFTF）的研究主任潘（Alex Soojung-Kim Pang）表示，愈來愈多健康的人服用藥物來提高腦的生產力。

或許你沒察覺，但你今天已經服用至少一種生化藥物來提升腦的機能。我早餐會喝一大杯濃茶，然後是好幾杯咖啡，都是爲了提高警覺心與專注力，今天晚上或許我會喝一杯紅酒來放鬆或提高想像力。

幾年前，有一種名叫兒童聰明油（Children's Smart Oil）的產品在博姿（Boots）藥妝店的十大維他命與營養補充品排行榜名列第四，目前美國正在開發四十幾種強化認知能力的藥物，其中以治療阿茲海默症等疾病居多，少數則試圖提高學習能力或記憶力，讓健康的人變得更好，美國空軍對於抗疲勞的藥物頗感興趣，並成立疲勞對抗支部（Fatigue Countermeasures Branch）的單位，一旦出現具商機的合法新藥，商人肯定不會放過。

或許你會認爲，因爲買得起利他能和普衛醒（Provigil）之類提振心情或心智靈敏度的藥物，使事業或學業有好的表現，這樣公平嗎？但是，既然已經有很多人在整形美容手術上大賺其錢，兩者之間又有何差異？此外，這些藥物不僅迎合年輕族群，由於六十多歲且記憶力衰退的人愈來愈多，恢復與維持記憶的科學未來注定成爲新興產業。相反地，消除恐怖主義或戰爭帶來的記憶或去除科技引發的焦慮，也將吸引更多興趣與資金。

純粹從演化的觀點來看，記憶是用於未來存活。人腦被設定記得好與壞的經驗以便重複或避免，當某個經驗被重複多次，就會從短期記憶變成長期記憶，因此透過科技或藥物將特定記憶或一般感受，直接移植到人腦（下載而非上載）將充滿「錢景」，但同時也會是個「前警」。

有個方法可以去除不想要的記憶，那就是在發生令人刻骨銘心的事件後立刻用藥，另一種方法是開啓或關閉和記憶整合有關的基因。吞顆藥丸來「改變你的心」顯然是滿新奇的想法，但我們正以穩定的速度朝這方向前進。

提高專注力最成功的藥品，是一九九八年推出的莫達菲尼（Modafinil），目前年營業額五億美元，主要用來治療睡眠呼吸中止症，近來逐漸被用來作爲像咖啡、酒精、香菸甚至古柯鹼之類的刺激品。可想而知，美國軍方對莫達菲尼以及更新的藥品如CX717感興趣，因爲它能讓戰士清醒四十八小時。這是否將人類心智化成了武器？

或許有一天，我們會看見政府將想像的經驗下載到恐怖分子的腦以爲懲罰，或誘使恐怖分子承認某些罪行。或許我們甚至知道如何全天候監控某些人，分析他們的位置、他們的消費行爲與思考模式，以便預想未來的犯罪行爲。政府已經將部分做法用在恐怖分子身上，或許有一天這個概念會擴及每一個人。

我們擁有自己的思考內容嗎？

人類智能與意識的本質仍是謎，但人類與物體和環境的互動是人類智能與思考的基石，這點已經相當明顯。我們思考與所做的每件事、我們有過的每個點子或想法，都和歷來做過、看過、體驗過或想過的事有著遙遠的關聯，因此人類可說是炭基（carbon-based）機器，我們愈是沒有覺察到這點，潛意識的自動導航將成爲更強、更具影響力的外部因子。

因此，如果人造機器未來將有顯著進展，人類當然應該預期自己的心智也會顯著改變，這樣的想法源自牛津大學教授葛林菲德，她說：「如果你認同心智是腦的個人化的結果，是透過經驗與神經連結組織而成，那麼人腦對二十一世紀的科技將無招架之力。」

精神強化的前景未明，精神隱私也是。說實在的，如果有個成年人同意對自己的腦動點手腳，我們可以說，這是他個人的事。但是別人在不經你同意或知悉的情況下對你的腦袋動手腳，卻又是另一回事。

當我們想到隱私權，通常會想到我們有權做喜歡做的事，只要不妨礙他人做這事的權利，尤其是在自己家中有權做自己喜歡做的事。那麼，在自己腦內呢？

用實體或虛擬形式表達的概念顯然屬於智慧財產權的範疇，但純粹的想法、念頭呢？有權擁有進入腦中的思考，並決定留下哪些、丟掉哪些，當然是隱私權或智慧財產權非常深層的形式。

目前外人無法進入我們的內心世界，除非我們讓他們進來，但這種情況或許會改變。**未來精神隱私可能會和今日的地點隱私與消費模式隱私一樣不復存在，過去只有電子郵件才有的垃圾郵件將逐漸轉到手機，下一步肯定會來到你的腦內（我思故我是垃圾？）**

當你的電話開機，電話公司就知道你人在哪裡，接著分析你的談話內容和簡訊，而後從中挑出「肚子餓」的字眼，電話公司立刻搜出附近幾家賣吃的，發訊息給這些店家要他們趕緊採取行動，讓你知道他們的存在。

或是你正漫步思考著今天晚上要做什麼，這時有個賣東西的簡訊直接送進你的腦袋裡。很煩嗎？當然。不可能發生？當然可能。目前的技術已經能把聲音播送到你的耳朵裡，但只有走進狹窄聲道的人才聽得見，訊息甚至可以個人化。因此，曾經相對安靜、可以獨自思考的地方愈來愈吵雜且商業化，可能是直接傳來的噪音，或是傳送訊息給我們攜帶的各種數位裝置。

衛星定位系統（GPS）跟無線射頻辨識系統（RFID）等遙控技術將施予人們更大壓力，將更多日常生活的點點滴滴與想法公諸天下，然後這些資訊就被出售，或用來交換其他資訊。這些資料（也就是我們腦袋想的東西）最終由誰擁有就成了一大問題，是產生這些資料的人、創造資料的機器，還是有興趣分析並將資料內部暗藏的模式存檔的政府和企業呢？下回使用谷歌或傳簡訊時想一想吧。

或許遙遠的未來，我們才能利用機器得知人在任一時刻究竟在想什麼，但利用機器來觀察人們的所在地或正在做什麼，已經是相對容易的事。當然，一件事可以帶出另一件事，如果你知道某人正在參加極右派政治集會，或正在買如何製造爆裂物的書，你就能洞悉他們的想法走向。

舉個例子。二〇〇八年，極右派的英國國家黨（BNP）黨員名單在英國的網路外洩，有人把這些資訊和某個定位資料併在一起，只要輸入郵遞區號就知道有沒有英國國家黨的黨員住在自家附近。

過去曾經非常私密的事，現在可能變得相當公開，幾百年來一直有資料被竊並被公布的案例發生，然而竊取與公布資料的容易度與速度，以及這些資訊傳播的廣泛程度卻是前所未見。在網路空間裡，誰都聽得見你在尖叫。

當然，你可以堅稱這類資訊的流通是健康的，數位化與網路帶來的思想透明，讓世界變得更誠實也更講道德。或許是吧，但如何區分公共財與私有財？此外，萬一不正確的資訊被流通會怎麼樣？**資訊快速傳輸的後果之一，就是我們愈來愈無法好好思考收發的資訊有幾分正確性，換言之，我們太忙碌而資訊太多**。

遠距的「讀心」也許還要等一等，但或許可以藉由機器用另一種方式來讀心。現在已經有企業掃瞄員工以測知是否服用毒品，未來萬一要求員工接受腦部掃描來發掘隱藏的種族偏見，或密而未宣的犯罪行爲呢？有一家名爲西佛斯（Cephos）的公司，利用功能性磁振造影掃描來推測眞相，創辦人雷肯（Steven Laken）博士表示，平躺使腦的某些部位在掃描下亮起來，他相信美國法院很快會同意將這類掃描結果作爲可接受的證據。

人類從過去以來就可以任意思考，只要行爲不違法。但是如果思考某些事情本身就是違法的呢？精神隱私將是二十一世紀最熱門的議題之一，而我們才開始辯論誰被准許觀看我們的腦袋，這就好比二〇一〇年代的人們最關切的是收到太多電郵。

眼不見但心可能還在煩

接著把心帶到更遠的未來，別急著斷定什麼可能、什麼不可能。我想來思考心智和身體的分野。

我們的世界可以被分成物體（東西）和思考（心智）兩個部分，一是有形、一是無形。但是，如果你的思考可以漂浮到空中或脫離肉體而眞實存在呢？如果有些人的心智能不受大腦侷限？如果你的心智能以某種方式分離，飛出身體呢？

這些想法都屬於神祕學的範疇，但卻相當程度解釋了靈魂出竅的經驗。實驗顯示，有個潛意識心看得見房間裡一些眞實存在，但意識心卻看不見的東西。

有種可能是，我們的腦或許比我們目前想像的聰明許多。或許兩個相隔遙遠的心智能在某種程度上彼此溝通，例如腦對腦的心有靈犀。如果你認爲這太前衛，別忘了當前的科學已經發現，單一粒子是可能同時在一處以上存在的。

說到人類未來的心智，我們目前的心智極力想理解或相信的事終有一天會獲得證明，你能想像十六世紀的人試圖搞懂量子物理學的情景嗎？我們會覺得，欠缺以已知事物作爲參考點的事，是極難想通的。

人腦的內部處理鮮少被意識心覺知，絕大多數的事是在欠缺有意識的思考下做決策的，因此有意識地推論就與幻覺幾乎無異。換句話說，我們很少單憑邏輯行事，我們的許多決策，包括跟誰結婚或買哪棟房子等重大決策，都是在無意識之下做的，我們的意識心只有在事後合理化或在決策的當下，甚至幾個月後尋求正當性時才被派上用場。

心理學家范恩說得好：「千萬別忘了你的潛意識心比你更聰明，反應比你更快，而且比你更有能力。」**我們的腦懂得扭曲事實跟欺騙，會捍衛我們的自我，把自我發揚光大，只要逮到一點機會就妨礙我們深度思考。**

看來這個美麗新數位世界確實創造了一種新型態的思考，只是許多情況下比較貼近所謂腦內深層處理（mental processing）或重點瀏覽（power browsing）。換言之，只是淺薄且狂亂的思考，我們覺知自己在做什麼，卻不深入思索怎麼做或爲何做，說穿了就是知其然，但不知其所以然。

如果我們眞的如此聰明，爲何讓自己的心被一連串數位科技攪得不得安寧？爲何大家不多花點時間慢慢思考，一次把一件事情做好？爲何我們容許機器摧毀人類特有且讓生命值得一活的事物？

但是，我們並不是一群因科技改變而倒楣的犧牲品。新科技的野心和帶來的效應往往會得寸進尺，當人類最終認知到的時候，會想去矯正所有長期以來的失衡狀態，即使如此，你願意拿自己的心智當賭注嗎？

如果想成爲能深度思考的人，需要從潛意識心的思考開始，但是，我們如何喚醒潛意識做如此深度的思考？下一章將探索思想與概念的生命週期。

第4章

好點子要怎麼孵育

「想法猶如跳蚤，
從一個人身上跳到另一個人身上，
只是不會見人就咬。」
——勒克（Stanislaw Lec），波蘭作家

當我們有意識地試圖解決一個問題或想出新點子，結果往往事與願違，思路彷彿被堵住般。然而，當我們把問題弄清楚後將它擱置一旁，這時潛意識心（也可以叫它大腦的問題工廠）會開始工作，思緒開始在腦中盤旋，彼此碰撞而後形成各種新奇的組合或產生質變。

現代心理學之父詹姆斯（William James）將這過程做了很好的說明：

人爲何花好幾年絞盡腦汁解決一個科學或現實的問題，結果卻落得無功而返，思考力硬是拒絕推演出我們要的解答？而後，某天信步走在街上，我們的注意力擺在跟問題完全不相干的事情上，答案卻又晃進心裡，彷彿是不請自來似的，或許是因爲面前那位太太帽子上的花，還是壓根的沒來由？

把拔，點子從哪來的？

記憶在點子的產生過程中扮演關鍵角色，因爲點子很少是新的。新點子往往是舊點子或既有想法的重新組合，人需要至少兩個舊點子經過一場混戰後，才生得出新點子。

進一步說，點子只能選擇從其他點子或既有點子的變體中衍生而出，因此思想跟點子的產生是一塊兒的。**創造力極其豐富的人有個最重要的特質，就是能結合不相干的元素創造出新的概念，而關鍵的動力是經驗，物以類聚也很重要，如果人們彼此靠近，點子就能在不同的人之間跳來跳去。**

有趣的是，這種重組很少在意識到的情況下完成，我們的腦不斷吸收資訊（包括經歷過的每個感受在內）而後將這些資訊存檔供日後使用，日積月累的經驗不是只在腦部某個冷僻的角落積灰塵，而是每天積極主動影響我們的想法與作爲，儘管多數時間我們渾然不覺。

洛克（David Rock）與舒瓦茲（Jeffrey Schwartz）兩位醫師在〈領導力的神經科學〉（The Neuroscience of Leadership）文章中，詳細探討記憶與有意識專注（conscious attention）的關係，當我們遇到新事物，資訊會進入大腦前額葉的記憶工作區，這是個耗費能量的處理過程，因此當大腦辨識出熟悉的事物，就會將它送到基底核（basal ganglia）這個耗能較低的區域。

基底核處理熟悉或例行的活動與資訊，它的存在也說明我們如何快速處理某些事，而且通常是無須思考。但是麻煩來了，基底核的能量運用效率如此之高，因此經常在自動駕駛的狀態下工作，於是習慣也就逐漸成為自然。

常見的例子之一是駕駛。剛學會開車時，需要大量有意識的努力，而當你駕輕就熟，這時潛意識接手，你幾乎不必思考就可以開著車子到處跑，腦子想的往往是別的事，只有當你不得不面對新或預期外的狀況或潛在危險的事，自動駕駛的狀態才會自動關閉。當你造訪外國，不但人生地不熟而且駕駛座在另一邊，這時你駕駛時會回復意識的狀態，再度謹慎思考。

產生點子的第一個階段往往被稱作孵育期或發酵期，通常是當我們停止思考手邊的問題，或轉而從事完全不相關的活動，甚至開始從事不重要的事情時展開。這個階段可能持續幾小時、幾個月或幾年，最後我們的腦袋會無端的靈光一閃。關鍵在耐性，因為這個過程要碰點運氣。

如果你希望想出高明的點子或聰明解答，除了等待還是等待。但問題是，如果我們的生活愈來愈忙碌，且一直被過多數位產品分散注意，我們什麼時候才有時間等待？如果我們從不關掉手機，什麼時候才能讓腦袋淨空一陣子？如果工作過時而減少我們的睡眠時間，什麼時候才能喚醒潛意識？

偶爾放慢腳步把腦袋放空，只是提高精神生產力的方式之一，另一種方法是快樂。人的心情愉悅時，腦部比較容易接收新資訊。研究顯示，心情直接影響人的想法與思考，另一項研究，天氣的好壞會直接影響人對生活的整體滿意度，從而影響他們判斷事物的澄澈度。

連嗅覺都有影響力。有一份研究發現，宜人的氣味讓痛苦的感知變遲鈍而使心情好轉。在辦公室製造宜人氣味是否能提高人的精神生產力，頗耐人尋味，但是試圖以人爲方式製造芬芳來改造辦公室情緒，倒令我相當不安。

由於人的思考力受情緒影響，而心情又影響情緒，因此影響心情的事物對我們的決定和點子的產生就有直接衝擊。有一天，我們可能製造出能判斷人類心情從而自我調整的機器，但在此之前，機器和人類的思考仍舊有極大差異。如果你在筆電面前擺一朵新鮮玫瑰，筆電可不會做出任何回應的。

下次你想說服老闆接受某個點子或要求放一天假的時候，試試這個小詭計。首先，挑一個陽光普照的日子，別開門見山，先說說天氣多麼好，再講你們共同朋友的小笑話。理論上，這麼做會讓老闆的潛意識處在好心情狀態，比較可能同意你的要求或意見。

踢到鐵板

近來的研究發現，思路受阻的初期，有時與大腦負責整合資訊的前額葉發出的強烈伽瑪節律（gamma rhythms）有關，有時腦部陷入困境可能是因爲太多資訊通過，更可能是過多的注意在腦內製造死胡同所致，與此現象直接相關的因素，還包括當時暴露在多少資訊底下，以及必須不時掃視數位與物質環境以搜尋新的機會和威脅。

解決思路受阻的方法很簡單，就是暫停思考一陣子。解決問題或創造所需的深度思考，跟慢想與不思考有直接關連。

今天我花一小時做泰式腳底按摩，理由無他，是爲了研究。前十分鐘沒有特別感覺，我的心以每小時一千英里的速度奔馳著，而後心情慢慢沉澱，於是我突然想起有些事忘了寫進書裡！

放輕鬆或想別的事有助跳脫死胡同。換言之，你必須有意識地轉移注意力。大腦遇到路障時，需要耐心等待障礙排除或乾脆改道行駛，但是當你的腦奔馳在資訊高速公路上，暫停路肩稍事休息幾乎不可能，因爲你會被輾過。

放輕鬆對創造力和記憶力阻塞都有效。舉例來說，你時常忘記某人的名字，但幾小時或幾天後當你忙別的事時，那人的名字卻突然從你腦袋迸出來？

人們早就知道這個過程。十九世紀的法國數學家與物理學家龐加萊（Henri Poincare）談到無意識的思考會悄悄地結合，並說明負載個人經驗的腦內處理程序，包括預備、孵化、闡述和驗證。以下是他對於無意識孵化的敘述：

有天晚上，我一反平日習慣喝了黑咖啡而睡不著。各種思緒紛至沓來，我感覺這些思緒在彼此碰撞，直到兩兩成對彼此相扣，最後形成穩定的合體。

龐加萊記述心智解決問題的能力，能夠在數學或科學的創造力發揮很大功效，因爲兩者的問題都是理路分明。但是，企業決策這種開放式的問題，或問題根本不存在的藝術創作呢？是什麼問題可以用劇作家莎士比亞的思考模式來解決，而且答案可以被驗證爲眞？

不按常規

第二章探討像孩子般思考，以及擁有開放且不批判的心爲何重要。人們利用說故事的方式把新觀念傳遞給憤世嫉俗的聽眾，因爲人們對於包含個人經驗的新觀念往往接受度最高。此外，說故事的時候也可以運用一些幽默，而幽默和原創思考有非常強的連結。

以上觀點來自創意大師狄波諾（Edward de Bono），他的作品探討水平思考可能帶來新奇且意外的解答。

笑話通常是滑稽或充滿機智，因爲笑話一開始並無出奇之處，最後一刻才出其不意的大翻轉。笑話具有分裂性，它們把邏輯擺一邊，突然間突破敘事背景，水平跳躍到另一個完全意想不到的終點或次元。

原創概念也是如此。它們破除傳統思考的框架，最終來到全新的境地。新的背景創造新的可能性，英籍匈牙利作家柯斯勒（Arthur Koestler）說：

幽默是創意活動的唯一次元，由於受到複雜的刺激，能在生理的反射層次上製造

出鮮明的反應。

美國喜劇演員萊特（Steve Wright）、卡通畫家拉森（Gary Larson）和英國卡通畫家葛羅寧（Matt Groening），都是突破敘事背景或結合不同次元事物的高手。

有趣的是，今日的科學家告訴我們，爲何最滑稽的笑話最不容易記得，因爲這些笑話的轉折非常複雜或令人意外，推翻了常見的思考模式。相對之下，不好笑的笑話較好記，因爲這些笑話的架構較好預測，也是比較容易懂的架構。

量就是質

我們呱呱墜地時腦子已經八個月大，這時外在的物質環境開始塑造我們的腦，之後每個經驗與感受，或多或少對成年的我們產生影響。六歲兒童的腦部重量已經是成年人的九五%，腦部一直發育到二十二至二十七歲，之後就緩慢固定往下走，知識與專業技能往往隨年齡增長，原創力會在三十多歲達到高峰後開始走下坡，因此如果你追求的是新點子而非智慧結晶，就該雇用三十歲以下的人。

年輕人喜愛新的點子與經驗，胎兒也會對新的感受（例如聲音）做出反應，但短暫時間過後往往會忽視相同的感受，這就叫做適應。人的一生都依循相同原則，正如洛克和舒瓦茲所言：「腦部基底核當起主角了。」根深柢固的神經迴路會冥頑不靈地抗拒新點子，新的資訊和經驗可能刺激腦部杏仁核的恐懼迴路，簡單說，人會變得極度恐懼而讓動物的本能掌控一切。

本書寫作前所做的研究，我得到令人鼓舞的結論：新點子或全新思考的產生，量即是質。人們大多是習慣的動物，盡早接觸新資訊與新體驗就變得很重要，想要健康且有源源不斷的新點子，我們的心智需要不斷的刺激，新體驗能累積成豐富的養份庫，不僅影響人的精神健康，也影響未來的思考力與創意點子。好奇心是不可或缺的元素，但機會也很重要，因爲「注意到某件事」跟「注意到自己正在注意某件事」是完全兩回事。

科普作家包登（Margaret Bowden）說得好：「無心插柳就是不刻意尋找卻挖到寶。」生物化學家聖潔爾吉（Albert Szent Gyorgyi，編按：匈牙利人，維他命C發現者、諾貝爾醫學獎得主）則說：「所謂『發現』，就是一場意外遇上一顆準備好的心。」我們需要眼觀四處，耳聽八方地四處梭巡，花點時間留意事物，反思其中的含意和結果。

令人意外的是，智能與原創思考的關係可能相當小。例如在發明和開創精神方面，見多識廣的眼界和發展完備的求知欲往往比正式教育更有用，最好是兩者兼具。或許，我們眞正的問題在於不知變通，以及對智能的定義相對過時。

聚斂性思考（convergent thinking）是邏輯思考，目標是找出符合邏輯的單一正確解答，以解決能清晰陳述的邏輯性問題。聚斂性思考以直線式思考居多，連結到已知的答案，這是個非黑即白的世界，因此過去以來一直受到教育和應用科學鍾愛。

然而，有另一種型態的思考叫做擴散性思考（divergent thinking），是發現多重、新奇的解答，來解決未曾見過、情況不明或無法清晰陳述的問題。這是深度的思考，也是由原創性、系統性思考、靈活度、發明和點子構成的世界。

此外，儘管機器尚達不到人類般靈巧，但是當任務被化約成制式的邏輯規則或累積的知識時，機器就愈來愈得心應手，照這趨勢走下去，邏輯、分析與專業技能將逐漸外包到低成本國家或機器，就像十九、二十世紀時需要的勞力工作。因此，**未來不屬於依照邏輯收集、消化和反芻資料的人，而是懂得揪出不合常理之處，提出具原創性問題以及發想新鮮點子的深度思想家與創新組織。**

此外，數位化與網絡的全面連線將知識散播到各處。以往知識是稀有的，幾百年前的人要花很多錢取得知識，因此知識便成爲權力與影響力的來源，如今這種現象不再，人們漸漸能即時取得知識，未來所需的技能不是點狀的知識或知道事情，而是了解每件事物彼此之間的關連。同樣地，高度專門的技術知識將愈來愈不値錢而成爲廢物，創造點子讓不同點子激發火花從而創造新知才是硬道理，這是個擁有多重型態智能與深度思考的世界。

兩個腦袋比一個好

聚斂性與擴散性思考的概念誕生於一九四〇年代末的美國，由此發展出人腦分爲兩部分，分別負責不同處理程序的觀念，一九八一年諾貝爾醫學獎得主史培瑞曾經根據這個觀念，對因爲先天或受傷導致裂腦的人進行一連串實驗並提出裂腦理論（split brain theory），認爲腦的左右半球各有職司，但又相互依賴才能正常運作。

左腦（邏輯）處理資訊，屬事實導向、分析、量化與口語表達，擅長做即時決定或迅速、精確處理片段資訊，也是快速思考、親近數位科技的半邊腦。相對之下，右腦是全方位、直覺、虛構、情緒性、非口語表達，讓我們綜觀全局，也是進行哲學或深度思考的半邊腦。在數位時代，我認爲右腦會遭受很大的潛在威脅。

舉例來說，倫敦大學資訊研究主任尼可拉斯（David Nicholas）教授表示，孩童正受到網路的重塑，他們生活在資訊漫天飛舞的世界，愈來愈少人能持續一段時間專注在某件事情（例如閱讀），他們從一個來源或活動跳到另一個，使用快速思考的左腦，把右腦晾在一邊，如果這種趨勢繼續下去，未來的書籍和引伸線性論述（extended linear argument）都會消失，因爲這不是數位的大眾傳媒所能提供。

左右腦各用不同方式來組織真實狀況，左腦關注細節，右腦則是抽象連結，左腦偏重診斷式、詮釋性並期望找到秩序，右腦則較開放且具實驗性。這就滿像報紙，用文字敘述來傳達事實，圖片則是讓新聞變得歷歷在目。

以下實驗充分說明左右腦的分工。在一到五之間隨便想一個數字，用你的手來數這個數字。你用右手嗎？約七〇%的人是如此，因爲左腦負責數數字。

另一個例子是，人思考時往往將視線從對方身上移開，眼睛朝上。一九七二年，舊金山藍格利波特神經精神病學研究院（Langley-Porter Neuropsychiatric Institute）的歐恩斯坦、加特林（David Galin）和科賽爾（Katherine Kocel）發現，人們會依問題的性質而將視線從發問者身上移開朝向某個方向，如果你被要求數你家有幾個房間，你通常會朝左看，如果被問到如何拼出密西西比（Mississippi），你通常會朝右看。

然而，儘管右腦替創造打好基礎，還是需要左腦的協助。換言之，右腦專責「萬一……的話怎麼辦」，左腦則是「專踩煞車的腦」。一側腦好奇、愛玩且孩子氣，另一側則是發出推論和經驗之談。

儘管如此，把腦分成兩半來談其實很容易誤導。左右腦緊密連結，必須同時正常運作大腦才算機能良好，把大腦想成左右兩個腦，而不是一個腦分成兩半或許比較好，歐恩斯坦說，左腦或右腦幾乎都可以獨自應付每一件事，只是兩者術業有專攻罷了。不過左右腦彼此切磋琢磨還是比較好。

無論你把大腦想成什麼樣子，心智的意識與無意識都屬於同一個系統。此外，雖然左右腦之間存在差異（更正確的說法是，右上腦、右下腦、左下腦、左上腦），其實男性與女性的腦子思考時也不同。因此，如果你的團隊要負責想出一些原創的新鮮事物，應該讓團隊裡有男有女。

爲何聰明人會犯笨錯誤

數位時代是否讓我們比較不容易犯愚蠢的錯誤？很不幸，顯然不是如此。如今愈來愈多事物擷取我們的注意，加上複雜與無遠弗屆的網路，情況在在對我們很不利。

人或機構犯錯的理由很簡單，而且和人腦的運作方式緊密連結。我們有時會因爲不捨得沉沒成本而把事情搞砸，也就是當我們把時間金錢丟進某個活動或策略，爲了回本而不斷加碼支持以致超乎合理的地步。這有點類似另一個理由「稟賦效應」（endowment effect），亦即我們對擁有的事物（花自己的錢而不是別人的錢）會有不同的作爲，其他理由還包括自我中心偏差（尤其是大男人主義爭強好勝的行爲）、確認偏誤（confirmation bias，尋找事實來印證先入爲主的觀念）、過度自信、權宜之計、順從及分心。

以下典型錯誤的例子，出自哈里南（Joseph Hallinan）著的《我們爲什麼老犯錯》（*Why We Make Mistakes*）：

男子走進一間酒吧。他叫畢雷諾茲（Burt Reynolds）。沒錯，就是那位美國演員畢雷諾茲，只是當時的他剛出社會，誰也不認得，包括酒吧盡頭那個肩膀寬闊的傢伙在內。畢雷諾茲在與他相隔兩張凳子的地方坐下，那傢伙突然對著旁邊一桌男女叫囂辱罵，畢雷諾茲要他講話別太超過，這時寬肩男子轉身面對畢雷諾茲。以下是畢雷諾茲對當時的回憶：「還記得當時我低下頭，右腳用力抵著銅欄杆以便施力，然後一轉身，用一記右勾拳擊中他的腦袋。他從凳子飛出去，背部著地落在十五英尺外的門口。正當他在半空中時，我才看見他沒有雙腳。」

這種事怎麼會發生？很簡單。因爲畢雷諾茲的注意力被分散，以致有「看」卻沒有「到」。他眼中的眞實狀況影響他看到的東西，同樣地，我們對世界的認知影響我們眞正看到的東西。

再舉一個例子。幾年前，哈佛大學的查布利斯（Christopher Chabris）和伊利諾大學的賽門斯（Daniel Simons）提出一項頗有名的實驗，他們讓志願者觀賞一段有一群人打籃球的影片，要他們算算其中一個隊伍總共傳球幾次。大約半數志願者沒有看到影片中，有個穿著黑色猩猩服的人在球員之間穿梭，緩慢穿過球場達九秒之久，但是當志願者被要求再看一次影片，只是這次不必計算傳球數，這時他們輕易便看見那隻黑猩猩了。

這項實驗的關鍵在於，我們的專注力並不是取用不盡，因此我們應該小心選取自己專注的對象才是。

人犯錯的另一個常見理由是人腦給資訊貼標籤的方式。基本上，所有資訊與經驗都被貼上一個標籤（也可以看成編號）後歸檔進入腦袋，但是資訊和經驗可不是乖乖坐著等待被派上用場，而是跟各種被儲存的情感思緒連結。通常這種情況不會發生問題，因爲我們利用這些素材來做決策和下判斷，但偶爾這些連結會讓我們失望。有時誤導人的記憶會依附一些資訊，導致我們在辨識或理解模式時出錯，根據以往經驗自以爲了解情況，其實我們並不懂。

有些人犯錯可能是基因作祟。德國萊比錫馬克斯普朗克研究院（Max Planck Institute）的科學家研究發現，名叫A1的突變基因使人無法根據經驗或錯誤來修正行爲。理論上，腦部在正常狀況下會分泌化學物質多巴胺，作爲對正向行爲的獎勵。這種化學物質是由D2受體接收，但有些人缺少這種化學物質的受體而無法注意自己的愚蠢行爲。以上理論是否成立尚須時間證明，但卻值得深思。

當我們有時間處理並分析資訊時，有意識的思考能發揮很大作用，但現在的我們卻沒有那樣的時間，在注意力轉瞬即逝、做決策的速度更快，加上有無數的數位傳輸資訊分散注意力的新世界，或許用無意識思考來做決策反倒更好。葛拉威爾（Malcolm Gladwell）在《決斷2秒間》（*Blink*）中指出：「我們所處的世界，以爲決策品質和做決策所需的時間與花費的心力直接相關。」此外，有太多資訊不僅無用更是有害，他如是觀察：「我們的心，在不得不面對危及生命的狀況時，會大幅縮減必須處理的資訊範疇和數量。」

遇到危及生命的狀況顯然需要快速行動，這時快速或淺碟式思考對相對瑣碎的決策相當有用，**然而深入、嚴謹、反思式的思考，才是創造力、策略思考和創新的真正基礎，我堅信這種思考是急不來的。**

眞正有價值的偉大新點子需要時間，也需要我們在產生點子的過程中犯錯以求盡善盡美，點子需要我們讓資訊慢慢進入腦袋以便在潛意識中琢磨。此外，迸出新點子需要時間與空間，這一切簡直讓人無聊到睡著。

我們爲何要帶著點子上床

以前的人常說，先睡個覺再說吧，但直到一九五三年，人們才了解原來睡覺的時候大腦並未關機。現在我們知道人睡覺時，腦子還忙著處理白天接收到的資訊。

更明確地說，大腦讓近期的記憶趨於穩定，再將這些記憶歸入長期儲存區存檔，也就是將這些記憶從桌面搬到硬碟。人不斷在處理資訊，卻是透過睡眠來強化記憶並積極篩選，將立即有用和非立即有用的記憶分開。

我們白天被例行公事佔據時可能發生智慧的火花，然而智慧的火花卻需要在漆黑中才能照亮我們的思考。我在出現時差時最有生產力，這時我並不十分清醒，卻又不很想睡，柯斯勒說：

> 沼澤邊似乎是最肥沃的區域，也就是睡著與完全清醒的邊界，頭腦正在進行有系統、有條理的思考，但還沒有僵硬到阻礙我們的想像力如做夢般地天馬行空。

近來的研究顯示，人睡覺時不光會將記憶穩定化並儲存，有些人相信腦子也正積極解決問題並創造新點子，**根據哈佛醫學院史提葛（Bob Stickgold）的研究，接收資訊後進入睡眠的人，比較能夠回想起主題和型態。睡眠不僅使記憶趨於穩定且強化記憶，顯然也能從記憶的內容中萃取意義。**

人在酣睡時竟然還能學習與創造，這點滿不可思議的，但也說明如果希望腦子發揮應有的功能，便需要隔絕外界令人分心的事物，也因此黑暗和安靜就變得絕對必要。有研究指出，每日睡眠不到六小時，記憶的穩定性跟學習會變差，甚至完全失去，換言之，減少睡眠會失去白天的記憶和學習內容。不幸的是，無論大人、小孩都愈睡愈少，大部分的成年人平日睡六、七個小時，遠低於建議的八小時，起因於工作和全年無休的生活型態。缺乏睡眠顯然影響身體健康和心情，也影響記憶、反應的速度、專心的程度和注意力。

睡眠科學家表示，英國有三分之一的成年人有睡眠困擾，其中四分之一的人睡眠被剝奪。一九〇〇年，美國人每日平均睡九小時，如今六．九小時。如果你感到疲倦，大概是因爲你欺騙自己睡了多久，《美國流行病學期刊》（*American Journal of Epidemiology*）的研究發現，人會誇大自己的睡眠時間，研究參與者平均睡六．一小時，卻宣稱自己睡了七．五小時。

造成這種現象的原因不一而足，但可確定的是，長期睡眠不足可能使腦停止製造海馬體細胞。普林斯頓大學心理學教授顧爾德（Elizabeth Gould）發現，睡眠不足加上壓力、老化、孤立無援和缺乏運動，可能有礙腦細胞的生成。

此外還有整體健康的風險。芬蘭赫爾辛基大學的老鼠實驗顯示，身體會將慢性的睡眠剝奪視為威脅而罹患壓力相關的疾病，如心臟病。只要連續十個晚上睡四・二小時就可能造成危險。杜克大學的行為科學家也發現，缺乏充足的睡眠與敵意、抑鬱和憤怒有強烈關連。

你睡得夠嗎？你是否經常感到壓力？你有充足的運動嗎？有這樣反思就對啦！

不過，還是有好消息。午睡又出現在某些組織，都會瞌睡站（Metro Naps）和耶婁（Yelo）鼓吹被壓到喘不過氣的紐約客，在午間跟下午到特製的睡眠艙房小睡片刻，這又是另一個新鮮的舊玩意。

白日夢的信徒

倒不是說需要更多睡眠才孵得出點子，而是需要做更多白日夢。做白日夢的時候會啓動某種型態的腦部活動，心智開始將看似無關的資訊、想法或事件連結，也是所謂的預設網絡（default network）。

過去人們認爲做白日夢時的心智是相對不活動的狀態，但這種看法顯然有誤。當**凝視窗外或做一件熟悉到不太需要花心思的事，而任由心蕩神馳，對產生新點子可能有相當大的實際利益**。十六世紀的卡斯蒂利奧內（Baldassare Castiglione）在著作《朝臣論》（*Book of the Courtier*）中說：「我一小時內夢到的東西，比四小時完成的工作還要多。」

再從白日夢連結到冥想。冥想鼓勵人去覺知一連串的感受，但不強迫人專注或對某一事件或資訊做出反應，於是「保持開放的心」開始有了新的意義。

儘管如此，現代世界卻不容許人做白日夢，尤其是企業。工作中凝視窗外就跟吃個長長的午餐一樣極度沒有生產力，但是策略性的做白日夢（或者策略性利用午餐）可能帶來令人驚豔的洞見與創造力的大躍進。

腦中的樂音

神經學家薩克斯（Oliver Sacks）敘述夢如何造就偉大音樂的傳奇例子，包括華格納在半睡眠或似睡非睡的狀態下，夢到《萊茵的黃金》（*Das Rheingold*）序曲，其他如拉菲爾（Maurice Ravel）、莫札特（Wolfgang Amadeus Mozart）、蕭邦（Frederick Chopin）、布拉姆斯（Johann Brahms）以及史特拉汶斯基（Igor Stravinsky）也陳述旋律進入夢境或白日夢中的類似狀況。

音樂的本質屬於抽象性，對所有關於點子的探討都至關重要，薩克斯在著作《腦袋裝了兩千齣歌劇的人》（*Musicophelia*）中寫到：「構成創造基礎的神經程序與合理性毫無關係，當我們觀察腦子如何產生創意，會明白這根本不是理性的過程，換言之，創意並非從推論中誕生。」《音樂直覺》（*The Music Instinct*）的作者鮑爾（Philip Ball）說：「音樂完美融合藝術與科學、邏輯和情感、物理學與心理學。」

音樂如何影響新點子的產生？可能的解釋是，如果神經網絡是透過聲響的傳遞而放電，或許就和音樂類似，也可以解釋音樂如何突顯原本可能被忘記、忽略或壓抑的資訊或感覺。換言之，**音樂可能以類似做夢的型態影響思考，做夢與音樂可能都略過**

邏輯，且都引動腦幹深處的思考或連結腦皮層的視像，一邊做事一邊聽音樂不算一心多用，史丹佛大學教授南思說，樂器發出的樂音不會帶來負面後果。

大腦造像技術證明，有些專業音樂家的腦構造與非音樂家略有不同，但其實人人都有音樂才能。此外，聽巴哈的音樂無法將你變成莫札特，但浸淫在古典樂中能提高數學和語文能力。

還有，別忘了音樂對增進記憶的功效。回想你的童年或是孩子小的時候，是否曾經用聆聽或哼唱歌曲來記憶複雜的概念？

你的立即反應可能是「沒有」，但你一定有用過押韻學習英文字母吧，像是：A、B、C、D、E、F、G；H、I、J、K、LMNOP。年紀較長的學生也使用過類似訣竅，背誦化學週期表乃至美國的歷屆總統，這套技術也已經被各國使用。

音樂和語言幾乎可以確定有共同的淵源，很久以前的人就利用音樂和圖片來傳遞資訊與想法，部分原因是，相較單就事實本身，大部分的人比較容易透過聯想或故事來記憶資訊。

這讓我突然想起音樂和故事沒有被組織充分運用，尤其是音樂能夠喚起心智的靈敏度與深度思考。音樂激發情感（終生受抑鬱之苦的尼采經常寫到這點）使思想與影像在心中浮現，也因爲這些思想與影像，才造就新奇的解決之道和創新的點子，因此音樂就與新點子的誕生有直接關連。

分散式智能

本章探討的創意點子是否能在數位時代將個人智能移轉至團體智能，並促成分散式智能的發展？

許久以前的人就知道，大團體往往比單一個人聰明（多半是統計學上的現象），儘管索羅維基（James Surowiecki）的《群眾的智慧》（*The Wisdom of Crowds*）把預測市場這種關連思想擺到企業的雷達上，其實將問題丟給愈多人也愈有助問題的解決與點子的產生，如果你要人猜罐子裡有幾顆軟糖，回答通常都差得很遠，如果把問題丟給一百個人，所有回答的平均數通常滿準的。

假如你要某人猜好幾回，所有答案的平均值也可能遠不及他第一次的猜測。現階段尚未經測試的理論說這種現象不純屬統計學，但卻暗示人腦運作的方式，人腦不斷在創造、測試，並拒絕新的點子以及各個事物運作方式的假設，我們也是透過這樣的實驗過程使思想更細膩、深入。

儘管三個臭皮匠比一個諸葛亮更懂得解開複雜的字謎，但其他情況下人少可能比較好。根據伊利諾大學科學家的實驗，兩人組成的團隊表現並不比兩個個人好，三人組成的團隊確實表現明顯較優，然而一旦超過三人優勢又不見了。

假如你正在追蹤某個事件出現的預測，或測試或修正某個現有的觀念，分散式群眾會很有幫助。此外，綿密的網絡特別擅於解決單純問題，但大團體較不擅於創造嶄新的觀念。

以上似乎證實我多年來的想法，也就是如果你追求高度原創的思考，**一個有才能的人（或一小群經驗各異，有才能、會思考的人）會比大團體管用，群眾往往拒絕與現有觀念格格不入的新點子，也不接受醜陋、不尋常或不一樣的事物**，哪怕經過一段時間後會漸漸不再那麼排斥。

要怪就再怪基底核吧！舉例來說，團體一開始會拒絕《瑪麗泰勒摩爾秀》（*The Mary Tyler Moore Show*）、《傻子和馬》（*Only Fools and Horses*）和《佛提塔》（*Fawlty Towers*）等電視節目，以及電影《幻想曲》（*Fantasia*）、《銀翼殺手》（*Bade Runner*）和《疤面煞星》（*Scarface*），但後來卻又大大歡迎。

專家組成的團體通常厭惡新點子，新點子總是威脅既得利益者，且爲了理解或順應這些新想法而耗費的精神往往帶來不便。經濟學教授鮑默爾（William Baumol）指出，教育可能成爲新點子的絆腳石，因爲教育將自古以來專家的思考灌輸給各領域的人，也許你聽過牛頓的名言：「假如我看得比較遠，是因爲站在巨人肩膀上的緣故。」西北大學管理學院教授瓊斯（Benjamin Jones）進一步詮釋創新的難處：「假如有人站在巨人的肩膀上，首先他得攀上巨人的背。知識愈浩繁，攀爬也益發困難。」

當世界因爲全球化和數位化而愈來愈緊密，知識和思考也逐漸趨於聚合。也就是說，我們走同一條路，最後來到同一個地方。舉例來說，用谷歌搜尋的人當中，只有一%會檢視第一頁之後的搜尋結果，因此浩瀚網路的態度和行爲，比較相似單一個人而不是聯合許多獨立且具原創力的思考。

團體思考可能帶動風潮，例如三D電影的流行和寵物石（pet rock，譯注：將石頭製作成可愛的人頭或動物頭），或是由群眾提供內容的維基百科。這是個了不起的發明，但也容易遭到濫用，投稿者通常是匿名，人們不可能知悉某條內文的原始提供者或修正者的可靠度、正當性或自身的利害關係，例如荷蘭皇家就更改不中聽的資訊。群眾的智慧不是永遠都對，也不都具多樣性，二〇〇九年，維基百科的用戶八成爲男性，七成小於三十歲，六成五爲單身，八成五沒小孩。

頌讚無心插柳

在政治正確和反菁英主義的現在，流行說的一句話叫做「誰都能夠有創意」，有些創意顧問也要大家相信，只要員工按照他們的程序，創意的閘門會自動開啓。然而，僅管水平思考與創意教練已經行之數十年，卻沒有幾個人或機構能創造可重複的程序，大幅提升商用點子的質與量。

如果無法發明可重複的程序，電腦又如何發揮創意？我認爲在我有生之年，電腦不可能寫出媲美莎士比亞的十四行詩，或畫出能與畢卡索《亞維儂少女》（*Les Demoiselles d'Avignon*）相提並論的作品，大概永遠都不可能。

人們不可能預測或用人爲方式，創造出類似的原創力或深度思考，因爲兩者從系統的角度來說極端錯綜複雜，相當偶然且極度仰賴無心插柳，刻意安排類似的意外和好運，可是說來容易做來難。

突破性的思考多半來自左視野（非左腦！）且往往是不小心碰上而非刻意尋找，

照這麼說來，創意思考和創新就非常類似進化。說來有趣，達爾文曾說：「我認為我是個思考速度很慢的人。」所以說，儘管邏輯和少部分可測的力量發揮功用，然而隨機事件、醞釀和時間才是眞正的推手，即使作家柯文（Geoff Colvin）主張，人要花一萬小時才能精通一件事，但刻意練習並無法保證會有偉大結果，尤其如果你要的是深度洞見、發明或發現。

任何學科的原創思考也是少之又少，**或許我們應該別再老想著產生偉大點子的過程，而是要思考在點子真的出現時如何阻止人們扼殺或忽視它們**。這會非常困難，因為偉大的點子是難懂的，我在前面已解釋過的原因：偉大的點子和已知或已有的經歷並不直接相關。

有一些人和組織想培養這種深度原創的思考，但大多失敗。對多數人而言，深度思考實在太具分裂性、高風險且雜亂，組織可能在潛意識中發展一套免疫系統與之對抗，就如免疫學家梅達沃（P. B. Medawar）所言：「人類心智對待新點子的方式，就像身體對待陌生蛋白質一樣：就是拒絕。」

這麼說來，深度思考的主要敵人之一，就是恐懼和惰性構成具可燃性的混合物，雖然遺憾但不見得是災難。多數組織和個人想要的其實是，每天生出更多點子並解決更多問題，也是我所說的快速或淺碟子思考，其中充滿許多小巧思、快速篩選與落實。日積月累的持續創新也可能非常有用，而數位科技、社交網絡和開放式辦公室都有利於類似點子的產生。

創新不是一個實體部門而是一種態度，雖然需要全心投入與資金奧援，卻是由文化和開放網絡驅動、由下而上的活動，創新既無章法也無從預測，且會對抗任何強加其上、嚴格或僵固的程序。

因此，人和機構都應該非常清楚自己要什麼樣的思考、追求什麼形式的點子。如果你尋找的是小微調（tweak），就應該窮盡一切利用數位科技之所能，但如果你想要飛躍式的進展，就需要一頭栽進深度思考，讓人腦不可思議的質量和能力發揮到極致。下一章將探討，如何找到思考的時間與空間。

慢想10力：創意好點子要怎麼想，教你10招

- ✔記憶使我們記得所有經歷過的事，潛意識再將各個記憶連結在一起，創造出新的點子。
- ✔突破思路阻塞。抗拒新點子是人的自然傾向，因此我們需要放鬆、等待、擱置批判並去除壓抑。
- ✔幽默打破傳統思考，使腦部不再被舊習慣所困。
- ✔我們需要兼具聚斂性思考與擴散性思考，右腦負責問：「萬一……的話怎麼辦？」而左腦則是：「專踩煞車的腦。」
- ✔犯點錯吧！或許我們還在繼續犯愚蠢的錯，但就是因為錯誤才意外拾到寶。
- ✔去睡覺。人在睡覺時還在思考，處理情緒、記憶、行動跟問題，以創造新點子。
- ✔做白日夢。讓心自由，刻意無所作為。
- ✔運用集體智慧來解決單純的問題，運用個人創造力來發想高度原創的點子。
- ✔音樂開闊我們的情感與記憶，幫助任何年齡的腦子開發新點子。
- ✔刻意練習使我們更熟稔各種技藝，但天才是學不來的。

第 5 章

在哪裡做深度思考

「人生不只是追求速度而已。」

——甘地（Mahatma Gandhi），印度聖雄

一九六八年，阿波羅八號載著安德斯（William Anders）、博爾曼（Frank Borman）和洛威爾（James Lovell）花三天環繞月球，他們也是史上頭一遭瞥見月球遠端的人。耶誕節前夕，這三位太空人在月球的第四軌道上目睹地球升起，藍色星球上升到冷漠的月球表面之上。安德斯直覺認定這現象非同小可，於是抓起相機拍了幾張相片，七〇年代早期的環境運動也因這些相片而展開。

如今已經有多位太空人見過這般景象，但震撼力依舊不減，太空人從遠處回眸凝視地球時的百感交集狀態被稱做「綜觀效應」（overview effect），曾經登上阿波羅十四號，也是第六位在月球上漫步的太空人米契爾（Ed Mitchell）說：「從更宏觀的視野觀看自己時，你的感知會出現轉移而有嶄新的思考。」浩瀚的外太空將實實在在改變你的心智。

我上雲端時也有類似經驗。當我在三萬五千英尺的高空從飛機窗戶向外看，所有問題似乎變得微不足道。所以說，距離帶來視野。

當我們走進教堂，或遠眺無邊無際的海平面也可能改變思考。大自然的開闊將我們的心帶走，不再惦記柴米油鹽而進入更深層的問題，身體變得渺小，心暫時飛到更有精神生產力的地方，或許是因爲心變大而將空間塡滿，總之思考會因爲自然環境而劇烈轉變。唯有不再試圖想新點子才生得出新點子，非工作的環境正是產生點子過程中，不可或缺的一部分。

一些物體和活動能引發類似狀態。舉例來說，**坐在書桌前，把削尖的鉛筆放在雪白的紙上可能創造出各種想法。但是，打電腦或看電視永遠辦不到。**

做什麼事最適合深度思考？

撰寫本書時我做了一些研究，想對思考空間有更多了解。我的問題非常簡單，就是：「你在哪裡、在什麼時候腦袋最靈光？」儘管不是大規模的正式研究，但我決定收集約一千份回覆，這樣才能根據年齡、性別、所在地、職業等有意義的細分。例如，男女會在不同的地方思考嗎？不同年齡的人呢？二十幾歲的人和四十出頭的人，有明顯差異嗎？

之後我突然想到一件事。根據經驗，這種郵件的回函率一般不到二%，換言之，我得寄電郵給五萬至十萬人。那還得了！於是我在洗澡的時候想到一個點子。請大家停下手邊的事，花兩分鐘寫一、二十個字來回答陌生人的問題，簡直就是奢望，大概只有比這緊急一百倍的事才有可能吧。

但是，如果這個打擾本身很特別呢？如果我寄手寫的信呢？這本書談論資訊爆炸、連續性局部注意力，以及拔掉電腦跟數位減肥的迫切需要，而這封信似乎是把理論付諸實行的好機會。一般人回覆紙張信件的機率，會不會高於手機電話、傳眞或電郵？手寫信件這種舊做法可不可能打敗數位通信？

曾經有五分鐘，我認爲這是個絕佳的點子，接著突然想到親筆信可不能假手他人，換言之，我得自己寫完全部的信。

最後我共寄出一百封親筆信（信封也是手寫）、三百封打字信件、五百封電郵，又打了九十九通電話，差一個就一千了，反正我當時也沒期待英國女王會回覆。不過，我寫給查爾斯王子的信倒是收到間接的回信。他的私人助理祕書這麼寫著：「眾所周知，海格羅夫莊園（Highgrove）以及釘樹籬等戶外工作，總是啓發查爾斯王子。」

接下來的事就很棒。電郵的回覆率僅五%，打電話更是白花時間，只得到五個回覆。打字的信回覆率好一些，達到三八%，但相較手寫信件又遜色不少，回覆率高達七四%。其中原因融合了經濟學與心理學。不用想也知道，這封電郵肯定會被發配到垃圾郵件，一般人瀏覽電郵時會專挑急件來讀，這封信讓收件者覺得我似乎想不勞而獲。

麥克魯漢（Marshall McLuhan，編按：一九六〇年代提倡地球村概念）確實是對的。儘管科技日新月異，但媒介依然是口信，如果你想打擾忙著收發電郵的人，再寄給他一封電郵恐怕不是最佳方式。雖說打字信件的回覆率高許多，但還是會讓人覺得我似乎只想花幾分鐘，用買來的姓名、地址，寄幾百封信的樣子。

當然，收到手寫信的人很可能同情我窮到連電腦跟印表機都買不起，但我不認爲。這些手寫信確實花了我很多力氣，讓收信者覺得有義務讀我寫的信，於是多半直接被送到收件人的桌上，沒有被他們雇來專門剔除垃圾信件、垃圾郵件跟電話的助理給扔掉。

手寫信還有些微差異。我一開始想寫一模一樣的信，但因爲我寫信的速度很慢，腦海不斷跑出修改或將內容個人化的新點子。

我的手寫信共收到兩百一十八封回函。我決定把問題貼上部落格、附在每月一次的電子報《腦信》中寄出，並將問題貼在雅虎答案（Yahoo! Answers）等各種網站上，於是我又收到數百個回答，這次主要是年輕人（我請每個人回答年齡）。這些回答通常未經仔細思考，適足以說明《慢活》（*In Praise of Slow*）作者歐諾黑（Carl Honore）

說的「時間病」（hurry sickness）。

最後我共收到六百二十四個回答，有些情況我會把類似回答歸到同一類，例如「外出時」跟「在新鮮空氣下」就同被歸入「外出時」。以下是部分回答，其中幾位或許你曾聽聞過其名：

「這幾十年來，我自認最佳靈感出現在造訪陌生國度時，我卸下所有義務，坐在賞心悅目的景點，例如湖邊咖啡館，面前放著一張紙。」——加納，哈佛大學認知與教育學教授。

「通常是沒在工作時，尤其旅行的時候。」——男爵夫人葛林菲德，牛津大學教授。

「我是鼓手，通常需要避免任何一類的深度思考，因此大概是在高速公路上開車時，或搭乘橫越大西洋的班機時。我認爲跟某些讓人分神的事情有關，思想才更自由……此外還可以摻入有趣的獎勵元素，例如寫出第一行樂曲才可以獎賞自己上高速公路兜風，或是喝一杯超苦馬丁尼。」——梅森（Nick Mason），音樂家。

「我愛做家事，像是把碗盤放進洗碗機、擦地、刷鍋子之類的活兒。我總是邊做邊想著如何改良機器，怎麼做使技術進步。」——戴森爵士（Sir James Dyson），發明家、創業家。

「我坐著，通常坐在書房裡祖母的威爾斯橡木椅上，拿著削尖的鉛筆和空白筆記本信筆塗鴉。畫幾個形狀、給它命名、計算長寬高、想幾個例子，那些塗鴉就有了生命。接著再跟別人討論，找出故事的重心以及我的信心。」——摩根（Adam Morgan），作家。

「腦筋最靈光的時候是在靜悄悄的深夜，這時能思考跟數字有關的事，尤其在幾杯小酒下肚後。也可能在夜店，當周遭的人不注意我的時候。」——史雷特（Douglas Slater），政治顧問、劇作家。

「漆黑中躺在床上，規律的白噪音製造舒心的嘶嘶聲，有時會產生幾秒鐘的洞察力。」——蕭斯塔克（Seth Shostak），資深天文學家。

「我走在路上、沖澡、打板球、泡澡、刮鬍子時，曾有過別出心裁的點子。」——米勒（Arthur Miller），倫敦大學歷史與哲學榮譽教授。

「腦袋最靈光的時候是當我的腦袋不被日常瑣事塞滿，像是MOT是不是最新版本、有沒有寄那封電郵、這個東西該歸到哪個回收筒、兩支襪子是不是同一雙、必須花更多時間陪孩子、別人都怎麼利用免費飛行里程、鄰居新裝的電話分機會不會吵到我、那張收據在哪裡、老闆有沒有注意到上班途中是我超他的車……說也奇怪，我腦袋最靈光的時候是解一個差點讓我睡著的難題。」——迪克（Michael Dick），可口可樂處長。

「在三萬七千英尺高，加上喝了一半的琴通尼酒。」——史密斯（Patrick Smith），未來品牌公司（Futurebrand）執行長。

「在城裡到處走的時候。這是置身大城市中，刺激與沉靜達到最佳平衡時的感受，專心和分心達到平衡，我的肺裡充滿氧氣。」——鮑迪布里克（Steve Bowbrick），BBC影音部落格編輯。

「我們小組的一致回答會是：不工作的時候！我們刻意到辦公室外舉行構思討論會，就是要破除習性和平日的環境。我們多次嘗試徹夜或在週末開討論會，這樣大家就有時間吸收並在上班以外的時間思考，例如在淋浴、開車、運動、遛狗的時候，讓心到處溜達思索！」——布魯克斯瓊斯（Neil Brooks-Jones），雀巢公司主管。

「我通常是晨跑時腦筋最靈光，而且空氣愈清新愈好。我喜愛藍天、開闊的原野和新鮮空氣，大概是氧氣的關係吧，輕快跑了五十分鐘後，各種決策或不明朗的議題往往明朗起來。」——匿名，娛樂公司主管。

「在床上時腦袋最靈光。我的夢往往和現實生活難辨眞假，有時醒來已經解決了一個問題。」——格拉夫（Roger Graef），作家、電影製片。

「上教會時腦袋最靈光，教會令我遠離俗事，使我不得不停下工作，心漫無目的地漂阿漂，不必再費神傾聽。」——韓第（Liz Handy），人像攝影師。

「不坐在螢幕前的時候。當我乘坐渡輪、淋浴、前往下一個會議的途中、聽廣播時，點子會突然冒出來。我想是因爲和問題中間出現少許分散注意的事物。當孩子吵著霸佔我全部的關注時，肯定不是我腦袋最靈光的時候。」——布爾（Wayde Bull），資本公司（Principals）主管。

「洗熱水澡的時候。」——柯林斯（Napier Collyns），GBN共同創辦人。

「在跑步機上的時候。」——斐利（Joe Ferry），維京大西洋航空主管。

「當然是早晨醒來的時候。我會在頭腦裡整理並溫習接下來的一整天行程，覺得自己更有組織也更有效率，並用半小時排定重要私事的優先順位，這對白天馬不停蹄的我來說是件困難的事。我要先想好再動手做。」——匿名，金融公司董事。

「火花經常在我不該思考的時候冒出來……我讓自己的心別被關在之前做的事情上，心自由活動時也最能平行思考，無論是它選擇思索的內容，還是在事物之間製造的關連。」——康斯坦堡（Charles Constable），第五頻道前處長。

「一開始我必須把新議題、問題或挑戰的重點大綱說給自己聽，因爲我發現每個事實都不能放過，但接下來我通常不會一動不動地拼命想……議題先在心裡細火慢燉，在我遛狗或開車時，點子會突然冒出來。」——克雷格（Tony Craig），NFU基金公司總經理。

「大概是玩樂高的時候吧。」——麥特，八歲。

「睡著前或醒後半小時，還有淋浴時。」——匿名，食品公司人資主管。

「跟朋友出去玩的時候。」尼克，十歲。

以上答案並沒有出現Y世代、X世代、嬰兒潮世代之間的差異，我原以爲二十五歲以下的年輕人會回答電郵、講電話時、打電腦時，但他們的回答跟四十來歲到六十多歲的人幾乎沒兩樣。雖然回答「做園藝時」的人大多是超過四十歲，但除此之外的回答卻很相似。數位科技幾乎沒有被提及，它被用來聯繫彼此、傳遞想法或培養點子，然而最初的靈光一閃總是出現在人們互不聯繫的時候。

唯一的明顯差異在職業別。被認爲具高度原創思考的人，例如藝術家、設計師、音樂家、科學家、工程師、發明家似乎經常上山下海，常涉足相對緩慢、靜謐與外界隔絕的地方，大企業的資深經理人則明顯偏好室內或可以跟其他人不期而遇的住宅郊區。

性別差異不大倒令我意外。女性比較多回答「閱讀」，男性則通常回答「做園藝」或「在屋子裡東摸西摸」，除此之外我並沒有發現任何顯著差異。

我完全無意假裝這是科學研究，因此電郵的樣本數、地理偏誤等因素還請多見諒，顯然還有餘地進行更多、更大樣本數的研究，讀者可以在我的部落格找到更完整的回答（網址：http://toptrends.nowandnext.com/?p=916）。

你在哪裡、什麼時候腦袋最靈光？

- ◆獨處的時候。
- ◆睡覺前或快要睡著前。
- ◆沖澡時。
- ◆早上一覺醒來時。

◆在車上或正在開車時。
◆閱讀書報雜誌時。
◆泡澡時。
◆外出時。
◆在任何地方。
◆慢跑時。

慢想10力：行住坐臥，深度思考必知10祕訣

✔要先清理，東西才進得來。深度思考的精髓在沒有窒礙的心，心理上和生理上都要捨棄不需要的事物。
✔親近流水似乎有效，能夠稀釋數位年代的影響。
✔其他運動也很好，像走路、跑步或利用各種交通工具（特別是自己無法操控的火車跟飛機）。
✔找個景觀佳、寬廣的房間，挑高和視野廣也能提升思考力。

✔太宅可能使眼界變窄，三不五時到戶外走走，蒔花弄草更是矯正螢幕文化的好方法。

✔把心靜下來，睡眠要充足，熟睡到醒來的這段期間特別適合做精確的分析。

✔假如有件事很重要，或你正試著做非常深度的思考，請用紙張、別用螢幕。

✔躺下來（香港飛倫敦VS201班機座位2A是我的最愛）。

✔外出吃中飯，順便開一瓶好紅酒。

✔找人說說話，尤其是你不認識的人，交談是防止腦袋生鏽的絕佳方法。

爲何工作不用腦

我的研究結果挺有趣的，多少都跟聽來的證據及其他研究相關，例如幾年前羅菲派克管理學會（Roffey Park Management Institute）的研究結果。在那份研究中，大部分人回答最棒的點子出現在辦公室外，通常是跟同事好友在一起的輕鬆場合，例如坐長途火車或搭長程飛機（因爲這時能保有隱私），其他像遛狗、在海灘發呆或演奏音樂，也和泡澡一樣有效。

羅菲派克的研究讓我們了解場合隨機性的重要，這時我們的心能任意漂移，這和辦公傢俱公司史帝爾卡斯（Steelcase）的凡埃斯（Kurt van Ess）的觀點一致。他宣稱，八〇%的靈感是在非正式場合中產生的，羅菲派克的報告也說明，信賴的同事、熟人或朋友之間的閒談勝過正式的會議。

儘管如此，最重要的洞見往往出自沒說出來的話。我的研究也不例外，整個研究中只有一個人說：「一大早，其他同事還沒來上班的辦公室，或開會時有同事叨叨念念的時候。」另一個人提到腦力激盪的時候，可能是在辦公室，不過僅此而已。

一年來詢問上百人在哪裡腦袋最靈光，只有一、兩人提到在辦公室，一人則回答當辦公室不用來辦公的時候。沒有人回答「當然是在辦公室」，也沒有人回答在學校。舉例來說，某知名的跑車公司老闆摩根（Charles Morgan）答得很乾脆：「在馬爾文山丘散步時。」我想他是指獨自一人，至少不是帶著公司的管理團隊走在他後兩步的地方，一面做筆記一面對跑車製程提出建議。

我們花幾百萬美元設計辦公室，花數十萬美元請顧問主持創意發想與策略討論會，但大部分的人腦袋最靈光的時候，卻是在工作場所之外的地方。

人們在辦公室以外的地方會產生好點子，是因為腦子需要在輕鬆、非工作狀態下才能靈活轉動。換言之，唯有停止思考，點子才會跑出來。過去二十五年，我參加過無數次腦力激盪，雖然盪出一堆點子，但通常都很膚淺，跟同事友人出去吃中飯反倒更有效。

我寫到這裡時踢到鐵板，腦子動不了。愚蠢的我一試再試但什麼都想不出來，於是決定放一天假去兜風，突然間腦袋清晰了，幾乎達到禪定般的狀態。套用傳奇賽車手史都華（Jackie Stewart）爵士的話：「想加速前得先放慢速度。」

自然的思考空間

如果你想要有新點子，就必須到點子找得著你的地方。我年輕時會到南港（Southport）和布羅德斯戴爾（Broadstairs）這種英國的海邊城鎮渡假，沿著海岸步道會看到靠年金度日的老人坐在椅凳上，靜靜地遙望大海。他們一年四季都在那裡，但即使晴空萬里，我還是不懂他們究竟在看什麼。有一天我懂了，我突然領悟他們在注視即將面臨的死亡，那是既清晰且不被遮蔽的景象。

海洋代表無盡，碼頭代表夢與省思，有避走他處的意味。根據我的經驗，如果你想解決科學問題、希望想出商業點子或對自己的未來有澄澈的見解，避走他處正是你所需。碼頭的一端被固定在陸地，另一端是茫茫大海，它彷彿是物質的眞實世界與思想的想像世界間，一座實體的橋樑。從長長的碼頭遠端回眸凝視遠處的陸地，令我們暫時忘卻身在何處，這又是個「綜觀效應」的例子。

不幸的是，**在瞬息萬變、高壓力、熙來攘往、快還要更快的世界，人們也以驚人的速度失去緩慢、沉思的空間**。碼頭一如純粹的想法，並不具有立即的貨幣價值。

話雖如此，但並非人人都能從浩瀚無邊的海景中獲益。伊蓮・史坦貝克（Elaine Steinbeck）在為丈夫約翰・史坦貝克（John Steinbeck）的小說《罐頭廠街》（*Cannery Row*）寫的前言提到，丈夫曾在南特克島（Nantucket Island）上一間能夠遠眺大西洋的小木屋寫作，但他的工作室看出去卻是反方向的沼澤地，因為他說海「會誘惑我」。伊蓮說，海灘和太陽實在太容易使人分神，史坦貝克寫作的先決條件還包括心情平靜、環境的安靜和隱私，他經常對著窗外玩耍的孩童大吼要他們安靜，後來索性在布拉夫點（Bluff Point）蓋了一幢六角形的房子專供寫作之用。

花園是另一個天然的思考空間。花園也和碼頭一樣對年長者充滿吸引力，理由又是著眼未來。隨著年齡增長，我們的視界變得更遠，更看得清楚全貌。作家葛理爾（Germaine Greer）說：「從事園藝是寄希望於未來，愈沒有未來的人，往往愈會想到未來。」

這年頭的私人花園通常不大，卻可以成為胡思亂想的安靜空間，但要做到這點，首先必須臣服大自然的節奏和一時興致。花園是播種新想法的地方，那裡總有事可做，最棒的點子會在我們的心隨意闖蕩時到來。

不必搬到鄉下也能享受一方綠地，一九九〇年代芝加哥的居住調查發現，觀察綠色植物不僅能延長專注的時間，也能降低家暴的程度。其他多項研究也顯示，綠色植物能增進心理健康並加速手術後的康復。

自然環境對思考影響的另一個研究，來自密西根大學的心理學家柏爾曼（Marc Berman），他將一組學生帶到繁忙的都市，帶另一組學生到森林公園散步。參加者回來後接受一連串心理測驗，結果顯示城市不僅使人心情變差，也縮短專注的時間和減少工作記憶（working memory，譯注：為人腦的系統，會暫時儲存並操作有助於語言理解、學習和推論等複雜認知活動所需的資訊。）

理由是，繁忙的都市街道會耗費很大的認知力，不僅要閃躲車輛跟行人，還要提防許多潛在威脅，然而在公園就能思考更多事情。

一個純眞的問題

某一天早上我坐在公園長椅上思索調查的結果，並重讀歐恩斯坦的《正確的心智》（*The Right Mind*），還在書上塗塗寫寫，這時有人朝我走來，不明就裡地問：「你在書上寫字的樣子滿吸引我的，這麼做的人並不多。你究竟在做什麼？」

原來這位老兄是地質學家，最後我們對深度思考做了一次精彩對談。我問他，在什麼情況下頭腦最靈光。他說，通常是在跑步的時候，其他像飛繩釣魚、划船跟走路也有效。

接著我們聊到爲什麼很多人在開車時會深度思考，他解釋開車跟空間地理學有關，不外是距離跟速度，只會用到特定部位的腦（原來他老爸是心理學家），其他部分的腦無事可做就思考其他事情。

他選擇思考的經常是重複的事，有時是瑣事，這些活動使用非常特定部位的腦。

接著我們談到組織的思考。他說，大企業找不到能深度思考的人，這些人早就被人事部斬草除根，因爲深度思考的人具有分裂性，就像勞倫斯（T. E. Lawrence，編按：英國軍官，其故事被拍成電影《阿拉伯的勞倫斯》）說的：「**晚上在幽暗蒙塵的心中做夢的人，早上醒來發現只是一場空。但是做白日夢的人卻是一群危險份子，因為他們會睜大眼讓自己的夢想成真。**」

他認爲大型組織的人喜歡晚上做夢，也因此眞正會思考的人大多落得獨自工作，或到剛起步的小公司開疆闢土。換言之，企業應付不來想法與眾不同的人。

用園藝比喻事業

人多半用運動或戰爭來比喻事業，某種程度可以如此，但這樣的類比最嚴重的瑕疵在於運動和戰爭通常會結束，且兩者的目標都是打敗明確的敵人，標的物和結果都很清楚，然而現實世界卻不是，園藝也不是。

園藝沒有止境，是過程而不是特定的終點站。此外，雖然事業和園藝都有敵人，但太過聚焦在敵人身上反而無法專注思考全局。

假如你把點子想成植物，代表你的心態轉變了，你好比在整理好的土壤上栽植點子，這塊土地屬於全部計劃的一部分，你灌溉它、看著它長大。但是每位園丁都知道，半數的點子（植物）都等不到長大，早期有句關於園藝的美國俗語可以用在點子上：

一株餵畫眉鳥、一株給烏鴉、一株讓給切根蟲、一株等它長大。

事業就像園藝，在面臨無法完全掌控的外在環境中要臨機應變且堅持到底。如果你想像花木扶疏的景象，就需要播許多不同的種子，然而不屈不撓也未必管用，有時植物長不大是因爲被種在錯的地方或遭害蟲啃食殆盡，無論如何你都得細心照料到它們恢復健康，不然乾脆連根拔起重頭來過，不僅園丁會這麼做，創業家和發明家也是。

把植物種在對的地方也很重要，麥肯錫公司（McKinsey & Co.）表示：「股票上市的金融、電訊和科技等西方企業中，近三分之二的有機成長可以歸因於身在對的市場和地理位置。」換言之，**錯誤地方的好點子可能會很辛苦，但普通點子擺在完美的地方就可能大放異彩**。

接下來是相反的問題。有時植物成長過快而擋住旁邊植物受光，只好把這些植物移走，只剩兩株才都能長得茂盛。這就好比臭鼬鼠工廠（Skunk Works）的團隊脫離母公司的庇護，電訊公司沃達豐（Vodafone）也是從瑞卡爾電子（Racal Electronics）的小部門意外成立，這就好比有人被准許試著種一株植物而成功了，但我倒想知道如果繼續受瑞卡爾庇蔭，還能不能快速成長。

有時成長相當順利，以致多年後土壤養分被耗盡，只好重新開始。這並不是壞事，只是自然循環的一部分，田地需要經常休耕以恢復健康和生命力，組織和人也是。有時腦袋像塞滿木塊似地無法思考，好比過度茂盛的樹林中看不到死去的樹木。

激進的點子像雜草，它們長在不該長的地方，也無法像蘭花般在溫室中栽培，我們不可能基於任何理由而播雜草的種子，只能提供它們生長的必要條件，也就是放任不管。你愈不管，它就長得愈好。

如果你希望組織中有新點子、新思考，就要會分辨雜草，同時容許一些雜草繼續生長，即使它們長錯位置。如果你希望組織有創意，就要吸引並留住有創意的人，你需要吸引幾位不願在大公司賣命工作的人，並且留一些餘裕讓他們自由地與眾不同。

刻意設計的工作空間

如何營造可以深度思考的工作環境？如果你到瑞士伯恩（Bern），建議到愛因斯坦舊居一遊。入內後，你會看到一張木製書桌挨著一扇俯瞰街景的小凸窗，一側有面小牌子，上面鏤刻一行字：「透過這扇窗，相對論於焉誕生。」這到底是管理人的文宣字眼，還是有人針對窗戶和思考之間的關係提出認眞的見解，不得而知，但窗戶讓我們把心帶到能激發靈感的地方，即使身體被禁錮在房間裡。

愛因斯坦離開瑞士後，在普林斯頓大學的辦公室牆上掛了一個告示牌，寫著：「不是所有重要的事都能被計算，能被計算的也不見得重要。」依我看，窗戶是重要的，幫助省思的空間也是，愛因斯坦喜歡把解答具體化，也了解強烈好奇心的可貴。

一九八〇年代後期的英格蘭，更多告示牌被立起，這次跟愛因斯坦無關。這些告示牌經常被掛在英國某大型連鎖超市的經理辦公室門上，只有簡單幾個字：「請安靜，我正在思考。」

這年頭的上班族多半坐在吵雜的開放式辦公室，沒有門、沒有位階，因爲研究發現，配給資深員工的私人辦公室會扼殺創新思考的發想。

譬如葛拉威爾就提出半徑六十英尺法則，他認爲創新本是群策群力的結果，嘈雜的公共區域或人們比鄰而坐有助催生創新，一旦距離超過六十英尺，人跟人漸漸不交談，點子也無法在人群中傳遞。麻省理工學院艾倫（Thomas Allen）的研究則發現，當座位間距從六十英尺縮短爲六英尺，溝通的可能性增加四倍，而當座距增加十五到二十英尺，溝通幾乎爲零。

德國的寶馬汽車（BMW）設計工作空間使點子更暢行無阻。十幾年前，寶馬在慕尼黑總部附近成立研發中心，這個點子工廠運用無心插柳和親近性的原則，推想如果需要交談的員工間距太遠可能乾脆不交談，於是讓負責設計的員工在同一層樓辦公，汽車的模型工廠也是，確保設計師的溝通路徑最短。結果根據寶馬的說法，新車款的設計週期縮短了二十四個月。

透過建築設計可以讓想法在組織中流動，譬如刻意設計廚房、浴室或樓梯讓人們不期而遇，對提高創新商數很有用處。皮克斯與迪士尼動畫工作室（Pixar and Disney Animation Studios）的總裁凱特穆（Ed Catmull）談到皮克斯總部的設計：

> 大部分建築物的設計是爲了達到某種技術上的目的，但我們是爲了製造最多巧遇的機會。建築物的中央是一個大天井，那裡有咖啡廳、會議室、浴室和信箱，每個人在一天工作當中，都有強烈的理由一去再去。

樓梯是個能不期而遇後交談的場所。英國的聯合利華（Unilever）斥資將藝術品擺在樓梯的牆面上，鼓勵員工多爬樓梯以便遇到彼此。此外，廚房更是個炒出新構想的好地方。

樓面配置是傳遞點子的另一種方法，也就是安排員工的座位以確保新點子的創造者在同一個組織內，確保這些重要人物坐在一層樓的中央或接近人來人往的公共區域，人們會在這裡與他們不期而遇，傳遞他們的想法。安排樓面配置前要先透過電子互動和無形的社交網絡，追查點子是從哪裡冒出來。

你也可以透過玩搶椅子遊戲加值創意。我曾在北英格蘭的一家公司擔任董事，這家公司的做法簡單又有效，每隔數月就讓員工換座位來增加互動，於是常務董事可能這個月坐在財務長隔壁，下個月又跟實習生坐在一起。

取消私人辦公室好讓員工增加互動，有時會有明顯的成效，但我擔心即使採開放式建築，人們還是會透過數位科技將自己封閉起來。此外，儘管這種眾星拱月的方法對超級業務員可能有用，但是對需要深度思考的程式設計師不見得合適。無獨有偶，谷歌總部將辦公室設在人流較少的地方，可見雖然開放式空間讓員工的想法擦出火花，但獨處的空間也不可少。

有回我和一位在杜拜開會時巧遇的谷歌人聊天，他說谷歌曾經繪製谷歌帝國裡每張辦公桌的位置圖，並且將每張辦公桌的位置及其生產力相互對照，結果最有生產力的辦公桌正是葛拉威爾所說的在樓層的中央，也是人來人往最頻繁的區域。我不知道有沒有可能追蹤坐在靠近飲水機的生產力，但我猜想必定相當高。

理想的樓面配置並沒有唯一的答案，但回歸舊式辦公室的共識正逐漸形成。電腦科學家葛林伯格（Saul Greenberg）觀察以隨機分配個人辦公室的方式，給曾在開放式環境工作的人會造成什麼影響。重要的發現之一是，人們認為封閉式的個人辦公室代表身分的提升，因此他們會以更高的生產力和表現來證明獎賞有理。

其他研究人員則發現，開放式的辦公室讓工作速度變慢，因為人在潛意識中會模仿視線所及的其他工作者的行為，開放式辦公室也被認為會使壓力升高，噪音會帶來衝突與不安全感而使血壓上升。

有個新奇的解決之道。幾位知名法國設計師設計了一張椅子，這種閉鎖式的椅子四周被圍了起來，讓坐在椅上的人不受到影音的干擾，椅子的外型頗為怪異，融合設計不良的飛機座椅加上翻倒的嬰兒車，但製造者宣稱這種椅子讓身處開放式環境的人更能好好思考，我想知道他們自己用不用？

我們需要兩者的平衡，開放式辦公室某種程度有效，但我們應該被容許自由選擇，或是因特定任務需要而能遠離嘈雜的環境。

話雖如此，如果只能接受和數位時代各種分心事物共處的開放式辦公室呢？據說沒有個人辦公室時，少許個人色彩能帶來樂趣，譬如辦公桌前放一小面板子或突顯個人特色的小隔板，這樣就有僅次於個人辦公室或私人角落的公共辦公間，這種方法雖然舒適的考量大於點子的發想，但其實兩者密不可分。

然而，這年頭即使這麼謙卑的要求都無法被雇主接受。幾年前澳洲郵政公司資遣一位客服中心的員工，因爲這位員工的辦公桌上放了三張家庭照，而不是規定的兩張。就是這種政策才令誠實員工變得不誠實，逼得優秀員工轉而投效更關心他們情感需求的組織。其實不只澳洲郵政如此，現代社會討厭有自己想法的人，凌亂的辦公桌和凝視窗外或在辦公桌上睡著，都被企業視爲犯罪行爲。

或許追隨柯比意（Le Corbusier）、葛羅佩斯（Gropius）、包森（Pawson）腳步的「留白式建築」應該爲受害的人權而嘗試做改變，一如所有的空間設計師和管理者應該做的。作家吳爾芙（Virginia Wolfe）提醒大家，人在自己的房間最自在，即使現實上不一定辦得到，至少也該給他們幾英尺個人空間或容許他們獨處，讓辦公桌有自己的感覺，尤其當辦公桌以外的一切充滿不確定且無法掌控的時候。

我思故我iPod

我們一定要更關注聲音與思考的關係。當你想到每天的例行活動，聽到的多半是熟悉的聲音。你在市區會不斷聽到汽車、飛機、巴士跟交談聲，間或傳來奇怪的手機鈴聲、垃圾車或警鈴聲。

電子革命前的聲音比較自然，音調比較低且較不連續。世界衛生組織（WHO）表示，近年來全球三%的冠心病是過度噪音所致，換算成英國狀況，每年約三千個死亡案例是因爲長期暴露在噪音下造成。《經濟學人》（*Economist*）評論米特蘭（Sara Maitland）的著作《寂靜之書》（*A Book of Silence*）：

> 認眞尋求寂靜的人，在現代世界幾無容身之地……震耳欲聾的收音機、行動電話、交通工具和飛機，在在讓人絕望。

平和與安靜對深度思考相當有用，適當的黑暗與完全的靜默能喚起我們的潛意識。如果你不信，晚上到一個無人的地方就會發現黯黑正逼視你，靜默使你欲聾。若是勞倫斯在倫敦的克羅敦（Croydon）某處積水停車場，還寫得出《智慧七柱》（*The Seven Pillars of Wisdom*）嗎？我很懷疑。這又是實體環境轉變心境，讓深度思考浮現的例子。

開放式辦公室充滿噪音，於是有些人就聽iPod來因應。近來英國對一百二十家企業的調查發現，二二%的員工會一邊聽iPod一邊工作。美國的研究則發現，二二%的人會一面工作一面聽音樂。去除背景噪音讓員工知道自己不受打擾未必是件壞事，反對在上班或上學使用iPod的論點在於，會分心且變得不與他人打交道，而導致人跟人的連結被切斷。但是，噪音是現代社會的特點，我們又何不讓人切斷一些雜音，改聽自己選擇的聲音呢？

組織是不是該花錢開闢安靜的空間或思考亭？日本的山葉公司（YAMAHA）發明一種可以自己組裝的隔音間叫做Avitecs MyRoom，可以在裡頭思考、讀書、聽音樂或打私人電話而不會吵到他人，這個箱型空間的尺寸小（**編按：約二・五平方公尺**），多數辦公室或家庭都可輕鬆容納。

撇開安靜的房間不談，有人能設計整座城市的聲音嗎？《噪音之書》（*The Book of Noise*）的作者夏法爾（Murray Schafer）突然冒出這個想法。比較實際的做法是多花點時間思考每一棟大樓的聲境（soundscape），特別是用來鼓勵思考的聲境。最需要改造聲境的包括學校和公共圖書館，用來思考的空間必須具備多項特點，包括能隔音的地下室、發出白噪音的工作站，以及配備iPod插座的小隔間。

組織文化通常把願景做爲重點，但或許未來也包括聲音甚至氣味。新加坡航空、英航和賓利（Bentley）汽車早就懂得用氣味吸引顧客，既然如此又何不利用氣味吸引員工，或影響員工的思考和想法呢？

第四章提到，將氣味用在工作上能使員工更樂於工作。美國的印第安那大學和以色列的希伯來大學研究發現，燃燒乳香能降低焦慮和抑鬱，乳香樹脂含有茵香酚醋酸鹽（incensole acetate），燃燒時能刺激腦中的神經迴路，德國的醫學博士施雷德爾（Michael Schredl）和史塔拉克（Boris Struck）的研究甚至證明幾種嗅覺的刺激物能導致幻想的夢境或噩夢，也賦予起司之夢（cheese dreams）概念的全新意義。

點子的殿堂

美國廣告公司巧迪（Chiat Day）的老故事值得一說再說。一九九三年的某一天，老闆恰特（Jay Chiat）遇到建築師蓋瑞（Frank Gehry），兩人突然悟出一件事：如果人老是窩在辦公室的小隔間工作，心當然也就被困在那小方格裡吧？答案很明顯，就是讓員工的身體和思想獲得解放。

毫無疑問，這在當時是個滿棒的點子，但結果卻不如人意。員工必須在沒有辦公桌、檔案櫃甚至紙張的辦公室工作，職員得走進血盆大口般的中央倉庫大門借用公共電腦。當時還有個革命性的點子，就是將過去職員的個人辦公室冠上客戶的品牌名，於是就出現日產汽車室、絕對伏特加酒室，但職員卻沒有房間工作或擺放私人物品。

環境看似好到沒得嫌，但就是少了內涵，就像大人的互動幼稚園，唯獨沒有沙坑。不幸的是，這棟建築物沒有空間的概念，既不自然、枯燥乏味、不務實又缺乏完整性，此外也是個飽受過度刺激的環境。安靜的空間或私人區域少之又少，人們只好用蠻力取得辦公空間，有人索性到停車場利用自己車子的行李箱工作，當初的想法確實具革命性，結果卻是恰特和蓋瑞始料未及。

某種程度上，兩人的確走在時代尖端，但這大膽實驗卻有點過了頭。美國的布法羅社會與科技創新組織（BOSTI）指出，辦公空間的實體設計對工作滿意度、生產力乃至獲利能力確有顯著影響，恰特的觀念是對的，只是執行的方式錯誤。

巧迪的辦公室是移動實體障礙物以幫助思考的極早案例，同樣概念至今仍在。近年來辦公室還設有奇怪的腦力激盪室，裡面有裝滿豆子的大袋子、超大簽字筆跟顏色鮮豔的牆壁，甚至還出現所謂「右腦會議」的新詞彙，背後的想法是認爲，色彩豐富的傢俱和散在各處的兒童玩具能啓動右腦而帶出原創思考，哪怕是最尖酸好鬥的會計師。不妙的是這個趨勢已然成形，W Hotels等連鎖旅館提供公司仕客有趣的會議室，裡頭有重複使用的塗鴉板、玩具、拼圖，甚至芳療蠟燭。

太多冒牌科學家和顧問說服我們相信，水平思考的唯一方法是行爲舉止像個孩子，這種說法有某種程度的根據，好比建築物會影響思考，只是我們做得太過火。幼稚的文化已經形成，成年人也會像小孩子般在購物中心閒晃，曾經安靜的地方漸漸被拆除或打穿，取而代之是用來吸迷幻藥的房間或會議帳棚。

難道數位年代還不算過度刺激，我們分心的還不夠嚴重嗎？**世界需要平靜沉著，而不是更多噪音跟分散注意的事物。照我看來，如果你想有突破性的思考，你需要更多的思考過程與紀律，你愈限制思考，結果的質或量就會愈好。**

就在巧迪的洛杉磯辦公室蓋好後不久，蓋瑞被請去替史丹佛大學建造貝克曼中心（Beckman Center）。這棟大樓的先決條件是，實驗室的建築物必須能直接影響科學創造力；簡直就是資訊時代的殿堂。蓋瑞也曾經負責麻省理工學院的史塔塔中心（Stata Center），斥資興建這些大樓的人等於是砸數百萬美元來賭建築物對人類思想的影響。

內部混搭能融合不同的腦袋，進而創造新的思考形式，兩棟建築的外觀都有點怪，其中一棟就像從外太空降臨，被外星人組裝顛倒了。兩棟建築說穿了就是創造空間讓交談和聯繫自然發生，有趣的是兩者都很明亮，蓋瑞說：「如果去除明亮，老鼠就會顯得更矮。」我猜他指得是科學工作者，眞正的答案永遠不知道。

安排好的混沌

回到之前提到連鎖超市的門牌標示，現在美國某零售業巨擘擁有這家連鎖店，那個門牌已經不在，掛門牌的門也不在，他們和通用汽車、優比速（UPS）一樣採取辦公桌的淨空政策，晚上六點以後留在辦公桌上的東西一律丟到垃圾桶。或許跟安全保密有關，但比較可能是管理者認爲清爽的辦公桌代表清爽的腦袋。見鬼哩！

二○○七年，英國政府心不甘、情不願付了七百多萬英鎊給一些耍寶顧問，設計一個課程以提高公務員辦公桌的整潔度，包括使用黑色膠帶標示哪裡是關稅局員工（他們應該用紅色膠帶才對）可以放置物品的地方。信不信由你，顧問還眞的針對哪裡可以放東西給予建議，他們問職員究竟辦公桌上的水果是進行中還是非進行中，意思是打算立即使用還是長期保存。

這類思考無疑是受到梅爾（Jeffrey Mayer）的《打贏你跟辦公桌的戰爭》（*Winning the Fight between You and Your Desk*）或美國生產力學會（Productivity Institute）的刺激。他們正經八百地宣稱，凌亂的辦公桌是管理的五大錯誤之一，我個人認爲，讀類似的書籍或聘請管理顧問做類似事情，反倒是更大的錯誤。

幸好不是所有顧問都向凌亂宣戰。管理大師畢德士（Tom Peters）認爲，繼續忍受這類歪理而不另謀他就的員工肯定是瘋了。幾位腦筋清醒的學術界人士同意他的說法，學者亞伯拉罕森（Eric Abrahamson）和作家佛瑞曼（David H. Freedman）在《亂好》（*A Perfect Mess*）中，主張輕微的凌亂有益健康：

> 適度雜亂的人、機構和系統往往比較有彈性、創造力，且整體來說比井然有序更有效能。

兩位作者證實辦公桌通常是亂源，並且敘述美國國家衛生院（NIH）研究人員賀伯（Leon Heppel）的精彩故事。原來賀伯的辦公桌亂到不行，因此習慣一陣子會在雜亂堆上鋪一張棕色的紙以爲區隔，換言之是多層次的雜亂。

有一天，賀伯先生翻閱幾份擺在書桌低層和上層的報告時，無意間發現幾封信是由兩個完全不搭嘎的研究人員寄來的，他很快找到兩人之間的關連並促成他們彼此聯絡，結果造就了諾貝爾獎。如果當初那些信按照傳統方式歸檔，兩人恐怕永遠湊不在一塊兒。

辦公桌上物品的安置方式反映腦袋的運作方式，因此不該教人如何整理自己的桌子。雜亂造就隨機性，去雜亂運動對整潔跟秩序的迷戀是罔顧現實，這年頭連收納盒都得按順序排列，**但真正的生活是雜亂且充滿不確定，否認這點不僅徒勞而且不切實際，更是沒有體察無秩序所具有無法預見的好處**。

因此，桌上成堆紙張和七零八落的雜物反而是相當有效能的歸檔方式，尤其如果這些資料擺一段時間，讓它從一個領域跨足另一個領域。外部看來一團混亂，其實對製造混亂的人來說卻是亂中有序，且隨時都可能從中挖到寶，這在虛擬辦公室或在家工作者很難發生，便利貼上隨便一個點子或圖像，可能讓無意間經過的某人腦袋迸出點子。

學者佛萊明（Alexander Fleming）以才能著稱，他也是個迷糊而且凌亂的技術人員。一九二八年，他意外發現盤尼西林而拯救數千萬甚至數億人，如果佛萊明是個潔癖，或參加過兩天一夜探討高效能科學家的七種習慣課程，不知結果會如何。

這不是說「亂」才是王道。有些情況，譬如工廠生產線或經營劇院，嚴謹的規範和秩序是必要的，關鍵是在混沌與秩序中尋得平衡，亦即過一陣子要清理一下桌子。別忘了愛因斯坦的名言：「**如果凌亂的書桌代表凌亂的腦袋，那麼空無一物的書桌又代表什麼呢**？」

對我而言，雜亂跟創造力是哥倆好，雜亂代表個人特色和自由，以及快樂的員工。某種程度的創意思考絕對必要，有趣的是，根據美國愛傑靈專業人力仲介公司（Ajilon Professional Staffing）的調查，辦公桌凌亂的員工年薪高於乾淨辦公桌的信徒。

無紙辦公室

澳洲某大銀行展開一項「金融業的未來」倡議，主旨是取消固定的辦公桌，當然也沒有紙張。我猜這家銀行遲早也會把人給取消。

歷史上紙張一直是職場生涯中重要的一部分，但是無紙辦公室的概念早在一九六〇年代初就成為現代化與效率的象徵，早期的理論是，電腦化終究使實體辦公室中的實體紙張走入歷史，但情況恰好相反。一九九〇至二〇〇一年的紙張消耗量有增無減，因為人們有更多資料需要列印，而且列印變得更方便也更便宜，不過二〇〇一年起紙張的使用量就開始下滑。

部分原因是屬於社會學範疇。與個人電腦大約同時誕生的Y世代開始進入社會，他們慣於閱讀螢幕上的內容並以數位產品存取資訊，此外數位資訊可以被附加、搜尋並儲存在多個地方。Y世代完全了解數位紙張與數位歸檔的好處，或許你會認為這一切是如此美好，但我可不這麼想。

紙張相較電腦螢幕的一大優勢，在於紙張提供更大的感官刺激。研究表示，缺乏感官刺激不僅使壓力上升，對記憶與思考也有不良影響。

研究發現，志願者在兩天完全孤立後，記憶容量降低三六％，更令人憂心的是，所有受試者都變得更容易接受暗示。這是相當極端的研究，但我們可以將類似原理用在實體與虛擬辦公室的比較，或用在紙本資訊相對電腦資訊的研究。其實，數位檔案或互動螢幕反而減少與點子的互動，儘管有時數位資訊能刺激思考，但閱讀書面資訊時眼睛比較舒服。

掃視實體紙張更快且更容易做注解，紙張也能夠用螢幕所不能的方式刺激思考。據我的經驗，數位檔案只在成本和易於傳遞上優於實體檔案。

有幾種類型的資訊確實需要廣爲流傳，但是大多數流傳愈廣的資訊反而愈不重要，或者愈不需要採取實際行動或提供意見。此外，資訊易於傳播也可能帶來嚴重後果，科技將造成社交孤立，因爲人們再也沒必要親自跟別人見面。**辦公室不光是工作的地方，上學也不只是為了考試，實際互動是人類的基本需求，如果把人際關係降到最低成本的形式，將會付出高昂的代價。**

這讓我想起幾年前有位朋友去日本，一天晚上他去看電影時發現戲院的人竟然還使用算盤計算觀眾人數，他問對方爲何不用計算機之類的電子產品，得到的回答是：「那對任何人都沒好處。」

此外，當組織想把紀錄存入電腦以提高效率之際，往往發現紙張其實比電腦的螢幕更有效能。比如，英國內政部（Home Office）曾經針對値勤警官配備筆電的計劃進行調查，邏輯上這是個很好的點子，但結果反而不如預期，因爲警官跟民眾說話時比較喜歡直視對方，而不是一面打字一面抬頭瞄一眼，科技在此反而妨礙溝通。

類似例子是英國一家電訊器材製造商。該公司認爲，將銷售人員的紀錄電腦化會很有效率，然而結果是，銷售人員發現對成交最有幫助的資料並不是他們想放進電腦的東西，因爲前者包含極爲個人的資訊。

這個教訓告訴我們，組織傾向將最容易衡量、最容易自動化的事物自動化。因此，將資訊電腦化或數位化反而妨礙眞正該做好的事，自動化或外包往往使人際關係日漸澆薄。

我聘請過的一位會計師每年都會寄手寫生日卡給我，有一年他寄了一張電子賀卡，好巧不巧，他並不是一位理想的會計師，而電子賀卡恰好成爲壓垮駱駝的最後一根稻草，因爲他成了機器人，而我只是數字。結果他被我用古老的方式解聘了。

不必來上班也是員工

百思買（Best Buy）在美國、加拿大、墨西哥和中國都是知名企業，販售的消費電子產品被評選爲年度企業和十年間最佳零售專門店，並名列美國最慷慨的企業。

表面上，百思買就像經營良好的《財星》（*Fortune*）五百大企業，但與眾不同的地方就是員工不必到公司上班。大部分的公司因爲不信賴員工而規定一定要到公司上班，在某些情況下是必要的，但有時卻妨礙新點子的產生。

大部分的組織不同意員工在大白天散步、下午去看場電影或者因爲腦筋動不了而自行決定下午兩點離開公司，可是這些在百思買都不成問題。這家公司發展無時鐘文化，獎賞是根據員工的工作成果而不是工作時數，如果早上遲點上班或中午出去吃幾小時午飯能帶來良好的生產力，那就做吧。自從這項政策實施以來，部門生產力提高三五％，職員流動率也大幅下降。

由於科技讓員工把辦公室放在口袋到處走，員工當然可以在任何時間、地點工作，因爲點子可能在任何地方發生，且靈感通常是在工作以外的時間、地點到來。

當然，無時鐘文化也有缺點。團隊合作和革命情感在百思買顯然受到影響，員工也不太能在各個點子之間反覆來回思考。然而據內部人士表示：「我們獲得的遠超過失去的。」究竟遠離工作場所是否會影響員工的忠誠度甚至思考，就有待時間證明了。

視訊交談和其他被扭曲的點子

有些人喜歡獨力作業，好比在家工作。不過，親身互動的重要性超過許多人想像，這對思科（Cisco）、惠普（HP）和卡拉右蠟（Crayola，編按：美國最大美勞產品公司）提倡視訊溝通、虛擬會議和視訊交談的公司可能成爲問題，有些公司甚至在「第二人生」等虛擬世界中設辦公室，讓散布在各地的員工能彼此溝通。

花在辦公室以外的時間愈多，就愈沒有機會親身分享資訊或經驗。以IBM爲例，三十八萬六千名員工中有四成沒有固定辦公室，於是這家公司就得到「我乃獨自一人也」(I'm By Myself)的稱號。

理論上這點子不賴，公司省時又省錢，對環境還有好處。但是在企業總部消失、所有業務都以虛擬方式進行的世界中，卻欠缺某樣東西，而行動科技與虛擬科技的頭號缺點就是使人更孤立。有時獨處帶來高生產力，但我想知道虛擬生活和虛擬工作長期下來對社會的影響，如果選擇被資訊和圖像而不是人和實體物包圍，我們的生活及思考品質會出現什麼結果？對人際關係、家庭生活或社群的隱含意義是什麼？

這又有點像紙張跟螢幕的比較。兩者各有用處，關鍵在找出每種情況下和每個人最有效的方法。儘管如此，我直覺認爲所有關於虛擬會議、虛擬實驗室和電子學習的吹捧，會落得跟一九八〇年代電子通勤差不多的下場。

部分問題在於大型組織往往把效率跟效能混淆，**效率是把特定工作做到正確（準時、在預算內，而且錯誤最少），效能是確保做該做的事。後者需要深度思考，而前者則否**，但是企業迷戀膚淺的效率跟短期成果，此外政府與企業一味迷信民意，殊不知民意如流水，說變就變。

組織必須停止追逐不夠完善的意見，著手創造長遠的解決之道，也就是必須戒掉快速思考的癮頭。企業花大錢建置六個標準差（Six Sigma）之類的體制，目的是要降低錯誤與失誤，但是對提高組織內的原創思考水準卻幾乎無法著墨。增進水平或概念性思考的品質雖重要但不急迫，於是便永遠沒有實現。

理論上，你會以爲所有操作簡便的省時科技讓人有更多時間從事深度思考，其實剛好相反，而且情況愈來愈嚴重。人類不斷發明讓自己更忙碌的方法，我想《下班時間扭轉未來》（*Cognitive Surplus*）的作者薛基（Clay Shirky）恐怕不會同意。他認為與其說我們消極觀賞電視上的情境喜劇，不如說正透過網路集體創造公民價值，他並以維基百科為例。但除了這種少數例子之外，我找不到書中內容有和創造力與寬闊的心有任何關係。

忙碌的商機

人不光想加速自己的思考，近來似乎也想加速每個人的思考，美國普立茲獎得主葛雷克指出，整個世界屬於A型人格（編按：意指個性急躁、爭強好勝）且正遭受疲於奔命之苦。

忙碌已然成為微妙的社會象徵，代表一個人是重要且成功的。因此，我們忙著當救火隊，而沒有真正停下來思考接下來要去哪裡。

某大銀行的策略專家公開承認，他的時間都在接二連三的會議中度過，每個會議的目的是討論一組文件資料，但沒有人能在事前好好讀過這些資料，因為他們都太忙而只好趁會議開始前幾分鐘掃視一遍。在座的每個人都擺出一副撲克臉，如此一來沒做功課的事就不會敗露。當然每個人都心知肚明，但多半時間都不會出問題，因爲那些決策都不具關鍵重要性，只是偶爾會犯下代價高昂的錯誤或錯失良機。

另一位是律師事務所的合夥人，他提到有位年輕員工漏了合約中的關鍵條款而犯下大錯，因爲這位員工讀得太快了，他似乎是用速度來衡量一切，以前我還以爲律師是地球上少數還會好好閱讀的人種呢。受困擾的不光是這群法界先鋒，英國德雷寇特（Draycote）的首席法官說，現在的年輕人無法當個勝任的陪審員，因爲他們無法長時間保持專注，尤其是法庭中以言詞作爲呈堂證供的時候。

難怪愈來愈多組織想在禮拜五關掉電郵讓員工輕鬆一下，雀巢（Nestle Rowntree）和美國手機（US Cellular）都鼓勵一整天不用電郵，或跟人當面接觸而不透過網路，就連高科技公司也是，英特爾（Intel）就要求職員在零電郵的禮拜五盡可能通電話或親自見面。

忙碌使我們問不出關於自己的艱深問題，我們不喜歡與自己的想法獨處，一如不喜歡被人看到自己無所事事。然而，這是電子時代兩個形影不離的討厭鬼，現代社會更令人不安的是焦慮，抒解焦慮的方法是別再誤以為能透過長時間網路連線而掌控。

作家強森（Carolyn Johnson）說得一針見血：「讓人分心的事物不僅到處都是，而且無可避免。」

組織太擔心人們在做什麼，以為外表忙碌的員工就有生產力，但是近來許多組織是買員工的點子而不是時間，至少愈來愈多組織是購買員工因經驗而獲得的智慧，因此組織應該少強調膚淺的活動，多重視開放與接納，也就是放慢速度，或者如《偉大事物的恩典》（*The Grace of Great Things*）作者葛魯丁（Robert Grudin）所言：「別再尋覓點子了，騰出空間讓點子來造訪吧。」

家中的思考空間

如果我們的心不再受網路干擾，那麼哪裡是最可以自在思索的地方？先從門廊（譯注：西式房屋在入口處會擺設搖椅之類可供聊天或思考的地方）講起吧。

我不曉得世界各地的十歲兒童知不知道什麼是門廊，倒是有幾個小孩有款德國跑車叫做「門廊」（譯注：門廊的英文是porch，與保時捷Porsche的音相近）。門廊愈來愈不重要有幾個因素，包括電視等新科技的發展、不動產價值的水漲船高，或是最近的網際網路。滿可惜的，因爲門廊是個很適合思索的地方，在門廊可以進行發人深省的對話，而這是電郵和簡訊等現代溝通做不到的。

在古老的美好年代，人們會不自覺走到門廊聊天，一來是小鎮生活的日常節奏使然，也因爲隻字片語的交談往往帶來意外收穫。《門前閒話》（*Porch Talk*）的作者固利（Philip Gulley）如是觀察：

> 我無意把門廊說得多神奇。在這裡的交談不見得能達到柏拉圖或傑弗遜的層次，但卻帶有一種光彩，一種白熱的光；或許是間歇的靜默，爲交談加入省思的成分。

接著來到屋內，這裡也發生很大的變化。前面提到許多組織拆掉個人辦公室，用開放式座位或隔板來取代，家裡的情形也差不多。據估計，二〇〇三年以來英國的住家由於改造成開放式平面，而有兩百九十萬個房間因此消失。理論上，開放式住家能增進家人互動，但我猜想，實行起來又會遭到數位科技產品從中作梗。

一年前，澳洲有個網路服務業者大池子（Big Pond）的廣告寫著「大池之家」（Big Pond Homes），然後是四口之家的圖片，每個人分別在屋子不同區域的螢幕上做事情，這種廣告完全無助於凝聚家庭感情。

不過，沒有自己的房間只是其一。舉凡餐桌、有線電話機和電視機也漸漸在住家中消失蹤影，然而這些都是促使家庭成員能夠聚在一起的地方和物體。當然，這種情況以前就發生過。以往的鋼琴、留聲機和收音機也有類似的凝聚效果，如今這些東西要嘛消失，不然就是被那些容許使用者將共同體驗變成個人體驗的產品所取代。

建築與都市計劃也變了。路邊不再是櫛次鱗比的房舍，這年頭的人平日跟鄰居和路人接觸的機會變少，愈來愈多人躲在自己的牆後面，聯繫與交談的機會少得可憐。然而，**交談是孵點子、搞創意所不可或缺，但讓人們某種程度湊在一起的科技卻讓人疏離。電郵、手機簡訊（SMS）、交友網站等讓人時時關注以致無法自拔，或許我們跟別人的溝通變多，但彼此的傾聽與理解變少了。**

布莉絲（Catherine Blyth）在《交談的藝術》（*The Art of Conversation*）中引述某項研究，宣稱親子交談的多寡，對孩子多年後在外的成就有深遠的影響。換言之，在家還黏著手機或電腦的父母可能妨礙孩子的個人發展。

近來英國政府的一份報告也發現，青少年懷孕的人數增加，部分歸因於與家人交談減少，因爲父母再也沒有時間、空間或心情，要全家人坐下和孩子談心並討論有意義的主題，像是沒有做好安全保護的性行爲會造成的危險。

交談技巧並非與生俱來，以往交談技巧是從一塊吃晚餐培養的，但是近來飯廳經常被家庭工作室和娛樂室取代。如果你問遊幕世代的事，超過他們的興趣和經驗，他們通常會隨便唬嚨你幾句。說這是回答的語言也可以，但稱不上深度交談與深度思考。

第三地

出問題的不只是家人之間的交談，社會學家歐登伯格（Ray Oldenburg）創了「第三地」（third place）一詞，是指我們在家和辦公室以外習慣待的「中間地帶」。星巴克（Starbucks）是其一，小酒館或公共圖書館也是，都是可以供人思考、聊天和醞釀點子的地方。

話說回來，你最近有試著坐在星巴克喝杯咖啡嗎？或許你會發現每張桌子都是筆電跟計算紙，不然就是準備開會。咖啡辦公室（Coffee Office）是加拿大的連鎖咖啡館，為了行動工作者（《*Fast Company*》雜誌稱他們是行動戰士）提供去處，外表看似一般的咖啡館，店內提供免費的無線上網和很多插頭，付費會員還可以使用工作站、會議室、會面的空間，並提供充電打盹的睡眠艙。基本上，咖啡辦公室就是一台咖啡機跟幾間辦公室，而不是一間辦公室加上幾台咖啡機。

對沒有辦公室或必須隨時待命的人來說，類似地方成了他們的代用辦公室，而不是放鬆、恢復精神跟交談的地方。另一個流行語「貝都因工作者」（Bedouin worker）描述的一群人則有摧毀第三地之虞，他們要將這些地方變回人們一開始想逃離的第二地。

不幸的是，組織扁平化與精簡化等趨勢可能持續，導致更多人將陷入白天無處可去的狀態。不過這種情形不會永遠存在，禁止攜帶筆電以及談生意的地方將發動反擊，目前已經有書店和熟食店禁止使用手機，此時此刻的顧客似乎還不怎麼在意，但終究會的。火車的安靜車廂跟飛機的安靜座位區只是開頭，最終我們會看到餐廳開闢無手機座位區，以及禁止兒童玩Sony PSP和任天堂DS的特定公共區域。

至少我希望那是我們集體決定要做的事。

改變你的例行公事

需要思考的時候，物體跟環境顯然是重要的。但是，時時改變一下例行公事也很重要。大部分的人都卡在一成不變的日常作息中，往往日復一日去相同的地方、走同樣的路徑、遇到同樣的人。

喜劇演員康納利（Billy Connolly）說過一個笑話，他說英國女王以爲世界各地聞起來都有新油漆的味道。我猜大部分的組織也是，我們的世界觀會染上我們所知和所到之處的色彩，這其中並沒有很多變化或隨機性可言。

這點原本沒有錯，尤其如果你的目標是探索一條許多前人走過的路，或是讓已經存在的事更加完美。大家都知道熟能生巧，也不是人人皆可成爲探索家跟發明家。

不過，腦的構造是用來回應外界刺激，因此我們特別會受到新刺激物的影響，腦學到新事物時會成長，反之則變得懶惰而開始想走捷徑。如果新的經驗變少或消失，思考會逐漸變得凝重或陳腐而開始採垂直思考，因爲這是最不會遇到阻力的路徑。

如果你太專注在特定方向或一成不變的對策，可能會錯過其他方向帶來的豐碩收穫。有時你從錯中學到的反而比較多，高明的點子往往出自愚蠢的錯誤。

意外促成的大發明一直爲人們稱頌。諾貝爾物理獎得主費曼（Richard Feynman）不是在工作中腦袋突然迸出量子電動力學，而是在紐約依撒卡（Ithaca）的咖啡館，當某人隨意把玩盤子，看見盤子上的標示晃動而頓悟，於是電子軌道的概念由此誕生。

另一位得到諾貝爾獎的科學家穆理斯（Kary Mullis）則是在一九八三年某天，開車經過加州一二八號公路時頓悟。穆理斯開了四十六．五八英里（科學家一定要講求精確），突然想到可以用寡核苷酸（oligonucleotides，即DNA的短鏈）來定位DNA的突變，這項發現導致所謂聚合酶連鎖反應（PCR）技術。當然這種事在今天較不容易發生，因爲穆理斯大概會因爲手機而分心，汽車也不再像過去年代，是個能安靜思考的空間。

便利貼的點子又是從何而來？那是3M的富萊（Art Fry），有一天在明尼蘇達州聖保羅市的北長老教會唱詩班走廊唱歌時想到的。《哈利波特》（*Harry Potter*）的靈感則是羅琳（J. K. Rowling）從曼徹斯特開車到倫敦時迸出來的。線上租片公司耐飛（Netflix）的概念是海斯汀（Reed Hastings）在加州的影帶出租店，因爲逾期歸還被罰了四十美元而想到的。核子鏈反應則是西拉德（Leo Szilard）在倫敦南安普敦路過馬路時誕生。

讓我們打開心靈，用有趣的新資訊來滋潤它，讓不期然的小事件和親身體驗來滋養它。這並不容易，需要覺察和努力，最重要是放慢速度。創新思考通常不會出自憤怒或匆忙的心靈，因此我們應該謹慎思索自己追求什麼樣的思考，再想想如何正面影響這樣的思考。

不過要澄清一點。我並非呼籲取消某幾種辦公室，我也不贊同捨棄快速方便的溝通方法，我只是主張應該認識每一種物件、工具或環境對什麼最有利並尋求平衡。

慢想10力：好還要更好，強化思考力10撇步

✔綜觀效應。無論是外太空、山頂或從機艙窗口向外看，觀看世界能啓發深度思考。

✔工作可能減少深度思考。運動或走路或文學等外部影響，比在工作中更能夠激發點子。

✔海或花園之類的自然環境能啓發深度思考，因為這些地方的節奏能使人緩和，提醒我們有更大的力量能發揮作用。

✔改變辦公室的設計，拆掉幾面牆、製造親近的機會、採取開放式，往往比不上巧遇或非正式碰面，以及凌亂的辦公桌來的更有效能。

✔遠距工作或許有效率，又能節省紙張與辦公室空間，但也可能使人更孤立，

減少人與人以及人與點子的不期而遇。

- ✔亮色的牆面與彩色隔屏，反映幼稚的文化多過刺激靈感。但沒有時鐘的文化讓人在完成工作之餘，又能找時間發現新點子。
- ✔短暫的相遇與意外插曲非常有助於深度思考，但如果太過專注在某個方向，或許就看不到從另一個方向來的事物。
- ✔家中、花園、門廊或餐桌的交談能刺激深度思考，若經常使用科技產品會減少交談機會。
- ✔到第三地（住家和工作場所以外的地方）能脫離一成不變的環境，只是這些地方可能被科技產品霸佔。
- ✔深度思考或產生新的點子之前，需要做一件表面上平凡無奇或重複的事，換言之，你必須什麼都不想。到你沒去過的地方或做件不一樣的事情吧！

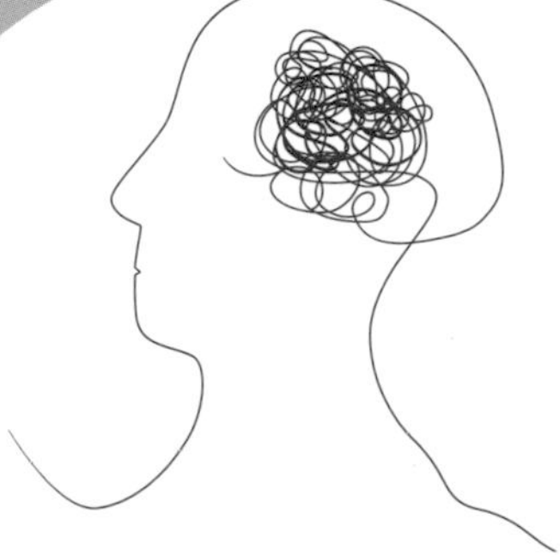

PART III

創意點子，是推動世界前進的力量

如果你發現腦袋卡卡的，應該給自己放一天假
不過，這麼簡單的事似乎愈來愈困難
工作過度的人被焦慮層層包裹，一旦有機會休假
他們會尋找不能休假的理由
現在的人對工作的重視度遠遠超過其他活動
讓我們對不工作產生罪惡感。

第6章

要如何清除卡卡的腦袋

「各位，我們沒錢，所以得動動腦！」

——拉賽福（Ernest Rutherford），紐西蘭科學家

前兩篇探討數位時代與遊幕文化如何重塑我們的腦，以及年輕人處事跟老一輩的差異及其令人憂心的結果，我們也深究腦在深度思考和產生新點子時的運作方式，並探討外部環境對思考方式與內容的影響。

本章概述十種方法，培養出具創意、寬廣度與反思能力的態度與行爲，儘管不盡周全，但對於如何在數位時代建構深度思考提供了實用建言，而重點在於如何從類比與數位的行爲中求得平衡。凡是想探究自己的思考並釋放創意潛能的人，可以運用這些訣竅和工具。

慢想10力：戒掉老調子，創意增百倍10要訣

- ✔創造時間與空間。
- ✔做一個知識的雜食者。
- ✔每天寫點子日記。
- ✔保持開闊的心。
- ✔利用浴室。

✔耐住性子。
✔鬆綁自己。
✔擁抱失敗。
✔分享問題。
✔別去上班。

創造時間與空間

「你享受的閒情，並不是浪費時間。」

——羅素（Bertrand Russell），英國哲學家

俗話說，時間就是金錢，但我們把不做事的價值跟做事的價值混淆了。如果有個人看似活力十足，我們會假設他正在做有意義的事，如果他靜坐思考，我們會認為他在浪費時間。我們認為做白日夢就是摸魚，也忽視慢動作中蘊含的價值，因此我們需

要培養一顆不匆忙的心。

爲了充分利用時間，有時需要忘記時間的存在。佛教徒說人心猶如猴子，從一個念頭跳到另一個念頭，從不曾活在當下。**我們需要停下手邊的事，和緩呼吸、培養正念，而正念需要定力，只有當我們的心達到靜空並停止思考，新點子才會到來。**

怎麼做呢？透過刻意練習來訓練心智，但不是在我們需要點子時努力二十分鐘就可以辦到。

拉貝（Cynthia B. Rabe）在著作《創新殺手》（*The Innovation Killer*）中，舉出《行銷長》（*Chief Marketing Officer*）雜誌在美國的調查，發現績效的最大障礙在於沒有充分時間進行策略思考與規劃，這是何其可惜的事。

二〇〇八年的研究指出，上班族每天收到兩百封電子郵件，每個工作天會檢查收件匣達四十二次，相當於每天有四小時被電郵打斷。此外，年紀愈大也愈沒時間思考，難怪《一週工作四小時》（*The 4-Hour Workweek, Getting Things Done*）之類的書會熱賣，我們一定要許下承諾，騰出時間只做「思考」這件事。

唯一的解決之道是反抗。但這在許多組織說來容易做來難，因爲深度思考不被視爲重要或高優先順位的活動。當然也有例外，像3M知名的一五％法則，明訂每位員工可以把一五%的時間用來思考與開發新點子。不過重點不在一五%，便利貼的共同發明人尼可森（Geoffrey Nicholson）說：「有些人不到一五%，有些則超過。這個規定要傳達的是：員工可以做夢。」

配置時間的另一個好處在於一般人績效最好的時候，往往是在從事自己喜歡或自己挑選的事情時。谷歌的做法跟3M類似，員工可以將二〇%的時間花在私事，而且公司不盡然能從這些私事中獲益，Gmail電子郵件就是員工在從事不該在上班時間做的事情而想出的。

小歇一下吧。可以是禮拜一早晨上班前的半小時，也可以是禮拜五下午的一小時散步。一週一次跟同事多花點時間吃個像樣的午餐，定時去按摩或冥想，甚至可以只是一杯咖啡，但最好不要喝辦公室咖啡機煮出的咖啡。

前陣子報紙上有個「必備的義大利濃縮咖啡機」廣告，主角是號稱滿意主管丹尼斯，他得意地說：「有了這台機器後省了很多時間和金錢，屬下會待在辦公室，不必跑去附近的咖啡店。」眞令我頭大！喝一杯咖啡的重點在於跳脫一成不變的生活，是短暫的忙裡偷閒。你可以在咖啡館和巧遇的某人交談，而交談內容可能將你的心帶到一個有趣的地方。可憐的丹尼斯沒有抓到重點。

或許，**與其上谷歌搜尋跟自己有關的訊息，或者上微博發布正在喝哪一種咖啡，不如把科技產品扔一邊，去逛藝廊、讀本書或畫畫，不然你會變得非常焦慮**。如果員工每五年可以無條件留職停薪，該是多麼有益的事。空檔年（gap years）通常是指窮學生在高中跟大學或大學跟就業之間的空檔，但是如果每個人都可以放長假充電或增廣見聞，結果會是如何。

如果你離不開工作崗位，那就精神上暫時抽離吧。放點音樂，倒一杯紅酒。沒錯，即使在辦公室。我可沒叫外科醫師在開刀前這麼做，但如果你是上班族，午餐或下班來杯紅酒是死不了人的。

即使前一章提到，不同的地方適合做不同型態的思考，但只要給自己時間與精神空間，在哪裡思考其實沒那麼重要。可以的話，關掉所有的電子產品。你需要很多點子才會出現一個絕佳點子，所以必須養成想點子的習慣，但要看你給自己多少機會做深度思考。

要記得一件事：大多數的點子都不是好點子。但別在意，重點是先想一堆點子後汰弱擇強。你可以準備三個記事本、檔案夾或盒子，上面寫著「不要」、「要」以及「不一定」，然後將想法分別歸類。你也可以用矩陣，依據點子的影響力（價值）和困難度

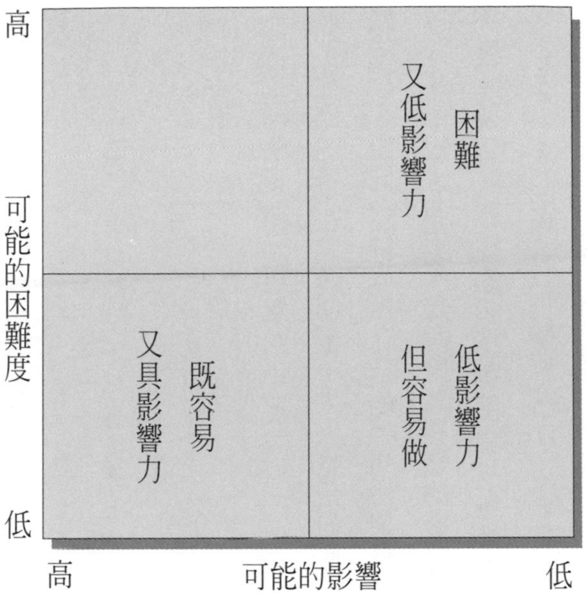

（實用性）分類，想像一個矩陣有四個向限，代表影響力的橫軸自左至右（左高右低），代表實用性、困難度，或落實成本的縱軸則從上到下（上高下低）。

你會樂見點子聚在左下方的向限（既容易又具影響力），也可以考慮落在右下方向限的點子（低影響力但容易做），因爲只要製造夠多這類小點子，就能產生積少成多的效應。盡量避免右上方向限的點子（困難又低影響力），唯一的但書是，你必須謹愼思考點子眞正的影響力或困難度，有時一開始看來容易，到頭來卻很難，反之亦然，有時反而該做高難度的事，因為仿效的人必定不多。

做一個知識的雜食者

「左想想、右想想、下想想接著上想想。哇！只要嘗試就能想出一堆『想』。」

——蘇斯博士（Dr. Seuss），美國童書作家

把同樣東西一再拿給小嬰兒看，他們的眼睛會開始游移，但如果換個新奇的東西，他們的目光便又回來。大人也是如此，大部分的人都困在例行公事中，走同樣的路上班，跟同一群人坐在一起，想法總是了無新意。別再這樣了！

年齡愈大也愈難超越既有經驗的範疇，如果你正在思考，必須有意識地破除一成不變，要帶入新鮮的訊息與體驗。你必須開闢新的神經路徑，也就是《打倒破壞者》（*Iconoclast*）的作者柏恩斯（Gregory Berns）形容「靠經驗分門別類」。換言之，你需要精神的刺激。

不是只有人會陷入一成不變，機構往往專精在同一個領域而愈陷愈深。具備特定

職能、興趣或技能的人，通常會被分派到同一組或群集，在固定的部門或地點工作。如果你希望在工作上不斷精進，這麼做並沒有錯，這時你應該從事專精化和最佳實務的標竿管理，**但如果你要的是革命性思考，你需要的不是更多專業知識，而是雜學。體驗新事物、尋找新的非系統性資訊、進行實情調查，或是刻意四處走動尋找新事物，跟陌生人聊聊。**

但要怎麼做呢？早上選一條平常不走的路去上班，買一本從沒讀過、和目前工作或興趣沒有關連的雜誌，或是換個地方渡假、搭飛機時跟陌生人講話、聽從沒聽過的音樂。聽起來像是在浪費時間，但我保證這些不相關經驗的深處裡埋藏了新點子的種子。

哈佛心理學家加納說，高成就者年輕時往往就找到喜愛的課題，以及非核心或非必要的議題，原因在他們的好奇心，喜歡無心插柳的感覺。眾多證據顯示，組織內部的最佳點子來自最常與部門接觸的外人。

如果你在尋找點子，務必讓團隊中涵蓋各個不同領域的人。把客服、客訴、銷售、財務和生產的人找來，無論你做什麼，避免讓團隊裡充斥相同年齡、相同性別、畢業於相同學校的人，因爲他們的經驗類似，會想出同樣的點子。

點子不是憑空而來，每個點子都和現有的點子有一點關連，所以我們要異花授粉以創造新的組合、新的連結和新的神經路徑。如果你想催生新點子，首先是跟人、地、物建立無差別的關係，透過這樣的關係與其他想法連結。換言之，你的點子要從拈花惹草開始，點子就是從這種「濫交」中孕育而生。

你也可以試著用全新眼光觀看熟悉的事物與環境。深入探究事物的脈絡或對點子刨根問底，直到找出源頭。盡可能從零開始，一定要把問題弄得一清二楚才罷休。假如無法清楚陳述問題，別開始思考可能的解決之道。

每天寫點子日記

「養成記下想法的習慣，不失爲好點子，省得還得問別人。」

——柯樂潔（Isabel Colgate），英國作家

別老想靠著潛意識去記憶你無意間遇到的事，然後就可以一股腦說出各種點子的新鮮組合。寫下所有有趣的想法，你思考的事物以及所見所聞，隨時隨地都要有這樣

的準備。

我不是叫你在淋浴間裝一片防水白板，美國有連鎖旅館眞的這麼做過，他們根據研究，認爲房客在淋浴時會想出好點子，我是要你在床邊放本筆記本，在電腦上開一個檔案夾。記得每隔一段時間拿出這些點子溫習一下，別太快把想法或筆記本扔掉，有時愚蠢的想法經過一段時間會變得合情合理，**愛因斯坦說：「乍看之下不荒謬的想法，就沒啥可指望了。」**

德國生物學家羅威（Otto Loewi）因爲睡夢中生出的想法而贏得一九三六年的諾貝爾獎。他了解夢境的巨大力量，某天他半夜突然醒來將想法寫下，但是不幸地，第二天早上他看到擺在床邊的記事本上只是一堆毫無條理的塗鴉，但他直覺知道那是個重要的想法。

幸好第二天晚上他又想起來了，這次羅威沉住氣沒有讓點子溜走，他穿好衣服，把想法寫下後直奔實驗室，最後成爲乙醯膽鹼（acetylcholine）的由來，他也成爲神經科學之父。這樣的結果對一個在睡夢中生出的想法來說還不壞。

如何捕捉點子要由你決定。有些人喜歡用紙筆，有些用錄音機，還有人用照相機保存影像的點子。我沒有讀到任何研究證明捕捉點子的方法會影響點子本身，但一張小紙條顯然是不可靠的。

請不要管別人對你在深更半夜、開會中，或走到超市生鮮蔬果區的半途振筆直書究竟會怎麼想，因爲那是他們的問題。在葬禮中抽出一本筆記本或許會引起側目，但如果你有個夠重要的想法，就把它寫下吧。

保持開闊的心

「每個產業都有無限商機。只要保持開闊的心，總會有全新領域等著我們。」

——凱特林（Charles Kettering），美國發明家

馬可娃（Dawna Markova）在《開闊的心》（*The Open Mind*）中提到，教育教大家每件事只有一個答案，如果我們沒有開闊的心，就會被誘導去判斷特定狀況下的正確解答，最後無可避免將扼殺其他所有的可能性。

我自己就曾遇過這種事情。當時和我共事的，是想從單一完美解答中尋求眞理的大型組織，一開始還算順利，我們進行了調查研究，發現許多洞見，討論無數個替代

方案，並且進一步探究其中幾個想法。接下來，大夥急忙爲新策略或新的產品概念尋找最好的點子。其他想法可能是因爲沒有得到內部支持，或是代表性的樣本別人看不懂（隨便在街上找的人），而被晾在一邊。

我拿全世界的錢跟你賭，被放棄的點子一定有幾個具備一些優點，只要保持開闊的心，就可以從中隨便挑出一個並以最快的速度落實。點子問世後可以做一些小調整，如果這個點子夠厲害，只要執行得當一定可以稍做改進，但如果點子很弱就沒有希望了。

組織對哪些事情可行往往已經有定見，因此會拒絕所有不合乎這種觀點或標準的想法。范恩說，人腦就像邪惡的偵探，專門蒐集別人的犯罪證據，她說我們的潛意識腦通常把不想要的資訊隱藏起來或毀掉，繼續抱持定見。

當所有證據顯示人類什麼都無法控制，我們卻還抱著自己能掌控的錯覺不放。**我們快速思考、隨便計劃，我們為未來一年半至三年訂定策略，但大部分都是膚淺且容易受干擾的**。因此，等到最後一刻才下決心，或訂一個較容易更動的計劃會是不錯的策略，一旦下了決心就很難改，我們會把感知的窗戶關上。再度引用范恩的話：「只要還沒決定，我們就應該靜下心爲未來從長計議，這樣對自己的人生才是務實的做法。」

華茲華斯（William Wordsworth，編按：十九世紀英國浪漫主義詩人）想法大致相同。他說：「缺乏反省能力的人，受習慣而不是選擇支配。」別忘了人腦永遠接受新的經驗，創造一條略過舊公路網的資訊高速公路是可能的。

我們必須有意識地養成新習慣。安適的層次有三種，包括安適區、延展區和壓力區，人多半時間都在做熟悉的事，因此學習的速度幾近於零，但是只要養成嘗試的習慣，並且讓這樣的習慣定型，就可以延展自己的能力。當心智獲得延展，很少會回到原本的次元，這跟好奇心有關。

保持開闊的心還有一種方法，就是不時展現赤子之心。某種程度的無知不僅有用甚至還可以賺錢，別不敢問聽起來天真的問題，即使你老早知道答案。

我偶爾會利用「七層為什麼」的小伎倆來窮究事情的理由，這是我向克羅斯偉特（Andrew Crosthwaite）借來的。按照他的說法，小時候不斷問父母或老師「為什麼？」也是一種學習方式。然而隨著年紀漸長，發問的次數也變少，這是因為表面上我們愈來愈不需要問為什麼，也因為問問題會令我們隱約感到羞愧。我們以為自己應該知道、因為怕出糗而不問，或覺得我們的團體早就曉得而沒有必要問，於是我們轉而做別的事，因爲知道所有該知道的事已經被知道而感到安心。

當我們看到欠缺思考下的假設，一定要提出質疑。質疑無須破壞性，只是運用研究的技巧發掘事情眞相，可以想成論證圖或決策樹，看看你正在做或思考的事而後拋出「爲什麼？」經常發問，否則競爭對手或客戶必將發問。我不敢保證問「爲什麼？」最終帶你到何種境地，但我猜你會對結果驚喜，因爲你不知道的事永遠比你做什麼更重要。

天眞還可以用在別的地方。你組成一個焦點團體來思索人會以何種方式購買新車，或是透過腦力激盪大會替新車想點子。如果你找來一大群平凡人，得到的就會全是平凡觀點。

除非你想發掘深度的洞見或開發全新事物，否則這方法將形同廢物，也是所謂「天眞專家」這種思考練習發揮作用的時候。我使用這個工具多年，它能捕捉人們的想像力，它不主張找來一群平凡人組成焦點團體，而是要我們跟一群特別的人鑽進車子裡，不事先通知便去拜訪幾家汽車代理商。

我在多年前把這方法用在某家日本的汽車公司，這群不普通的人包括一位建築師、一位產品設計師、一位人類學家、一位心理學家、一位企管碩士、一位保險業務員、一位超市的空間規劃師，以及幾個個性叛逆的人，他們男女各半，年齡從二十歲到六十幾。又有一次，我替一家化學公司組成一個折衷團體（eclectic group），探究是哪些因素決定油漆色彩和末道漆的流行。不過這次是藉由晚餐把大夥聚在一塊。我認爲食物和美酒以及所處的空間會直接影響討論品質，思考出來的東西會優於在會議室。

心靈熔爐有哪些好處？當一個團體具備多樣技能和經驗，身處其中的你能獲得充足的養分，賦予你全新的視野。人們也喜歡認識本行以外的人，因爲他們讓對話擦出火花，最重要的是，外行人也可能很擅於發掘還不存在的新點子。由於這些完全外行的專家是局外人，完全不知道什麼該問、什麼不該問，因此往往會問出很基本的問題。他們完全不懂行規，當然也就什麼都不怕。

舉例來說，有位歷史學家問一家水公司從事什麼行業，對方研發部門的頭頭開始覺得有點受辱，後來才明白這個問題刺激他思考公司的未來走向。

利用浴室

「天才總是在東修西改。」

——卓別林（Charlie Chaplin），美國演員

根據研究者雪夫恰克（Nikolai Shevchuk）所言，現代生活缺乏生理上的壓力因子，腦子迸出火花的時候就不如理想的多。他的研究宣稱，像冷水淋浴這種短暫但感受強烈的衝擊能刺激腦子的藍斑部，也是正腎上腺素的主要來源。科學家認爲這種化學物質與抑鬱有關，只要用很冷的水刺激這個區域三分鐘，心情就會有相當程度的變化，能快速抽離負面思考且有助舒緩慢性壓力。

我建議在嘗試前先諮詢醫師，尤其如果心臟有問題的讀者。但或許古老的英國公學和古時候的中國人是對的，冷水確實對改變心情起妙用，從而影響思考方式。

我完全贊同作家霍金森（Tom Hodgkinson）對當今時代的見解，例如他認爲：「閱讀正經的讀物是重要的，把品質好的素材放進你的心智中，成爲好的成分。」如果你正在泡熱水澡，讀點好東西吧。他又說：「別去上健身房。健身房綜合了虛榮和金錢，

加上對完美的無稽追求。健身房把消費倫理移轉到身體，它反思想，巨大的螢幕遮蔽我們的心智，帶我們離開本來的自己。」

從浴室到健身房似乎有點跳躍，但我認爲兩者確有關連。至少對我來說，健身房跟浴室都只是用來放鬆，兩者和身心舒暢都有關。研究顯示，運動能提升腦部某些較高機能（例如規劃），因爲運動能提高血液循環，將更多氧氣和養分輸送到神經元。第二，在跑步機上跑步之類的單調運動能去除腦中的雜念以幫助思考，躺在浴缸或站著淋浴也有同樣功效。

不過，數位年代連這些也不放過。現在已經買得到淋浴間專用的防水電視，浴室裡裝電話的愈來愈普遍，各種螢幕也遍布健身房中。因此，**清除卡卡的腦袋不是盯著另一台螢幕，而是好好洗個澡、淋浴或坐在馬桶上，做任何能讓你暫時遠離數位環境的事，這樣能夠帶來某種程度的舒緩與愉悅。**

耐住性子

「兩個力量最強的戰士，一是耐性，二是時間。」

——托爾斯泰（Leo Tolstoy），俄國大文豪

人們遇到棘手問題時常常太快放棄。我們會思考，然後再思考，接著就放棄了，因爲事情似乎沒有起色或過程讓人挫折或困惑，然而眞正原創的點子可能要花好多年，而成功落實往往需要數十年的精力與熱情。

產生點子或解決問題之道，往往須歷經三個階段：教育、醞釀、頓悟。教育的階段是極度嚴格的。你需要大量思考，讓自己暴露在各種知識中，你需要覺察問題點，並且對周遭事物敏感。此外你需要用心傾聽並仔細觀察，簡單說，就是你需要更包容、更關注眼前的問題。

輕鬆是心靈寧靜與身體靜默的感覺，也是這個階段不可或缺的情境。根據近來各種實驗的判斷，當你處在極度的壓力下，會想要快速的資訊，因爲快速資訊確實讓人鬆口氣，但是當你鬆弛下來，它們可能破壞寧靜的狀態，使你再度感到壓力。

醞釀的階段讓人不安，多半因爲你不知道自己正處在這個階段，而且無法直接掌控。但是如果以爲這階段什麼都沒發生，可是大錯特錯，你的腦可是沒日沒夜地工作著，很多事在下意識中進行，你的心智在遠處工作，而重點在於「等待」。堅持非常重要，有人稱之爲耐力思考。

最後發光階段，你的腦子會迸出點子，而且通常沒有徵兆。當所有元素開始活蹦亂跳地結合在一起，點子往往從涓涓細流變成洶湧洪水。

此處的危險在於，由於第三階段讓人感到毫不費勁，因此我們在第一階段時會不夠努力，或沒有預留足夠時間給第二階段。我們以爲點子就會這麼漂浮到心裡，於是我們在第一階段時不夠努力或太快放棄，因爲沒有人能保證第二階段會出現有用的東西。要生出好點子前，得先把基礎打好。

當牛頓被問到如何發現萬有引力時，他簡單回答說自己已經思考了很多。說得好！**自我懷疑、恐懼、困惑、挫折與自慚形穢都是過程的一部分，但你應該不為所動繼續下去，感到不確定與無聊時回以幽默的一笑，因為它們是改變的先行者**。同樣地，什麼都沒發生也別太苛責自己，繼續努力一定會看到成果。

你愈努力，點子也愈好。愛因斯坦致力於相對論時也經常感到灰心甚至絕望，他的質疑與思考持續了整整七年，但最後的理論卻是在短短五週內成形而臻於完備。

等待與耐心連結到冥想，因為身心放鬆顯然對心情有正面影響並提高專注力。**達賴喇嘛說：「解決之道絕不會來自憤怒的心。」**

耐心是不可或缺的，別趕時間也別太快放棄。俄勒岡大學的貝格多（Ronald Beghetto）與加州州立大學聖伯納迪諾（San Barnardino）分校的考夫曼（James Kaufman）認為，偉大的點子和小點子同在一條線上，因為點子不夠好（質）、沒有點子或點子不夠多（量）而放棄，都是不得要領。你永遠無法事先得知閃過腦海的點子好不好，最佳策略是讓點子繼續出現，直到滿意為止。

無聊的好處

無聊是件美好的事，反芻是創造的前奏曲，「什麼都不做」不僅是人生僅存的少數奢侈事情，也是一種心情的狀態，容許我們放下外界的一切來探索內心深處。但是，如果十個人不斷傳來他們中午吃什麼，或者對你新西裝的剪裁發表評論，你是沒辦法無聊的。省思讓心靈澄淨，赫洛威爾醫師說，省思是發揮想像力的前奏曲，是一種有用的情緒，自古以來促成許多深度的洞見。

一開始無聊讓人不舒服，但是當你通過心靈的苦惱，就能在正確的脈絡下了解事情，看清樣貌。但數位科技，尤其是行動科技剛好相反，這年頭當你試圖解決問題時，很容易就會因爲數位科技而分神，但只要堅持，就會發現一直在尋找的答案。因此，讀完本章後別直接去做別的事，請坐下來思考一下。

當你無須面對任何事，就會發明做事的新方法，藝術家在面對空白的畫布時多半什麼都不想，兒童也是如此，他們無聊時會發出沒有意義的聲音，最後會找到事情做。無聊是創造性思考的催化劑。

然而，這年頭想要無聊也難以實現，我們不給孩子空想與做夢的時間和空間，英國國家統計局（ONS）表示，十六歲以下的孩子當中，四五％僅花二％的時間獨處，此外學童的自由時間（上學、做功課、睡覺和吃東西之外的時間）從四五％減少到二五％，孩子的每日作息排得井然有序且許多事情假手他人，以致於沒有如紐約大學教授威克菲爾德（Jerome Wakefield）所說「認識自己」的機會。成年人也是，我們很少拂拭自己的心，於是塵埃便堆積到再也無法認清事情的本質。

不僅難以無聊，我們甚至無法做好一件事情。多工處理扼殺深度思考，加州大學戴維斯分校的神經生物學教授察路波（Leo Chalupa）表示，一心多用加上密集的聲音與視覺資訊（與僞資訊），對腦部造成潛在的永久性傷害。另一個相關的概念叫做「連續性局部注意力」（Constant Partial Attention，簡稱CPA），曾在蘋果和微軟研究實驗室工作過的史東（Linda Stone）了解高科技產品對人類行爲的影響，於是創了CPA一詞來描述人不斷掃視數位環境尋找機會與威脅的樣子。跟上最新資訊成爲一種癮頭，一旦沒有就覺得焦慮。

從某方面來說這不是新鮮事，四萬年前的人類在大草原上生活就是如此，一面大口吃著新鮮的肉，又得隨時留意掠奪者，但是數位化加上網路連線增加了資訊量，現代人消耗的資訊量之大，以致我們的注意力永遠都處在破碎的狀態。但是史東指出，這不見得是壞事，只是處理某幾種活動或資訊的策略罷了。

然而，人的注意力是有限的，我們也不能時時處在高度警戒的戰或逃狀態。保持警覺會帶來身心壓力，因此一定要偶爾停止或減少資訊的接收，《慢活》作者歐諾黑說：「現代人的本能不是深度思考，也不是讓思想浸潤在內心深處，而是觸及最靠近自己的媒體音頻。」換言之，現代人放鬆的方式是把更多資訊塞進腦袋裡。

察路波認爲，每個人每年都該騰出一整天什麼事都不做。不跟任何人做任何形式的接觸、不交談、不打電話、不收發電郵、不發簡訊、不看書、不看報紙、不看雜誌、不看電視、不聽廣播、不聽音樂、不與其他人的內心接觸，無論是文字、語言還是錄影錄音。

你是否曾經二十四小時什麼都不做？試試看吧，會讓你的腦袋清醒一陣子。全然的孤寂、寂靜或心靈不受打擾，能消除你的自我覺知，時間變得毫無意義，最近的記憶逐漸消失，有種抽離一切的感覺，同時又和宇宙萬物深度連結，既神奇又讓人害怕。但是請別擔心，很快又會回復「正常的」感覺，你回到感官超載，不再問宇宙萬物是否存在著一以貫之的原理，問的是今天晚餐吃什麼或怎麼把不見的word檔案找回來這類「重要」問題。

看看比爾・蓋茲怎麼做。十五年來榮登世界首富的蓋茲每年兩次會到一個無人知曉的濱水區隱居七天，在這週當中思索未來並想出讓微軟耳目一新的點子，也就是閱讀「東西」而非「人」。蓋茲爲現代辦公生活的設計帶來許多幫助，我們會以爲他應該是到虛擬世界去隱居而不是遠走他地。

我曾經從英國的富時指數（FTSE）一百大企業的某策略長那裡得到一份簡報，他想帶團隊夥伴離開，以便好好思考，因此我建議他離開幾天讀一點書、思考後討論心得，但他認爲我頭殼壞了，因爲這麼做沒有程序、沒有里程碑、沒有階段的分界線，或具體成果好讓他衡量投入的人力物力。

這項練習的重點在於，除非體驗過孤寂（例如無聊）對心智的刺激，否則無法思考未來。孤寂顯露眞實的自己，因此許多人害怕孤寂。空白令人害怕，特別是耳根從沒清靜過的人。但是，獨處而且什麼都不想，能讓你的心獲得新生。何不發掘無聊的好處？

鬆綁自己

「領帶勒住清晰的思考。」

——林語堂，作家

忙碌或感到壓力時還是可能產生好點子，即使可能性不太高。放鬆的環境比較具有深度思考的傳導能力，最好的環境是你有意識但不是自我意識的地方。

舉例來說，你閱讀本書時是坐著還是躺著？我打賭你不是坐著就是躺著，但你不會是站著。身體需要放鬆，心才能和書中的資訊與觀念契合，讓你反省深思。

你會說英國政治家邱吉爾、美國作家海明威（Ernest Hemingway）和英國作家伍爾芙都是站在高腳桌前工作。的確，高腳桌的構想挺好，讓會議不會那麼冗長，燃燒更多卡洛里也解決許多久坐族的頸背部問題。然而，站著卻不是深度思考的好方法，如果想吸收一本好書的觀念或思索困難的問題，你需要放鬆並解脫束縛，這時你需要信心。

哈佛大學與多倫多大學心理學家的研究宣稱，具高度原創思考的人往往具有低度的潛在束縛。潛在束縛能幫助我們淘汰不想要的資訊，例如，當你留意今天聽見的每一個聲音，你大概會瘋掉。有些事原本就不重要（例如印表機暖機的聲音），但是**具高度原創思考的人往往不會像其他人那樣將資訊嚴謹地分類或歸檔，因為他們腦中有更多空間做連結或留意其他人忽略的事**。

擺脫束縛之所以重要，還有一個理由，就是別在意「接受批評」這件事（要連結到孩童般的思考），改用正確的心態接受它並卸下防備，迎接看似愚蠢、無關連或瘋狂的問題進入腦袋，因此你需要處在不評論的環境。

另一種擺脫束縛的方法是聽音樂，因爲音樂會直接影響腦，挑選對的音樂，好的音頻震動能活化腦部的獎賞中心，並壓抑杏仁核的活動量，降低恐懼等負面情緒。

擁抱失敗

「我沒有失敗，我只是找到一萬個行不通的辦法而已。」

——愛迪生（Thomas Edison），美國發明家

你很少讀到有關失敗的文章，結果不僅埋沒偉大的構想，也無法從人們身上學到教訓。失敗的企業與人比成功的多，這是會議室常聽到的名言，但是當我們極度害怕失敗，也就失去寶貴的機會。

失敗的重點不在發生的理由，而是發生的時候怎麼辦。大部分的人會逃跑，或如一位前英國部長所說，找到「精簡事實」（economical with the actualite，譯注：省略重要的事實來傳達不真實的版本）的辦法。「我們太晚反擊」「消費者還沒準備好」錯！你失敗了，坦誠面對吧，失敗是開始，不是結束。問題很簡單，大部分的人相信成功助長成功，但我認爲失敗助長成功。很多人在成功之前曾經失敗，有些人更是屢敗屢

戰。有一位美國投資銀行家告訴我，加州有一家創投公司只投資至少破產過一次的標的。

戴森爵士沒有得到這家公司的資金，但這家公司肯定會爲他的精神喝采。這位億萬富翁在成功發明無袋吸塵器前做過五千一百二十七個樣品，但他從失敗中學習且絕不貳過。每次改進帶領他更接近目標，走出混亂與不確定後便是成功的到來。有人曾說一敗塗地之後是再次思索的機會，美國的生物化學教授阿西莫夫（Isaac Asimov）說：「錯誤的精妙思考使你問出好問題，爲偉大的價值建立眞理。」

請不要和激勵演講家掛在嘴邊的「永不放棄」混爲一談。成功是一％的靈感和九九％的汗水，繼續嘗試總會看到結果，如果沒有成功，代表你不夠努力。所謂瘋狂是重複做同一件事並希望改變會發生，你需要從每次失敗中學習，並且用不同方法再試一次。

重點是你失敗時怎麼做。還記得蘋果電腦的掌上電腦「牛頓」（Newton）嗎？牛頓是商業大敗筆，但卻失敗得轟轟烈烈，iPod、iTunes和iPad的成功或許是因爲蘋果基因中蘊含對失敗的容忍，誰猜得到名噪一時的愛滋病神奇藥物AZT曾經被用來治療癌症但卻失敗，而威而鋼是輝瑞藥廠（Pfizer）在一九九二年就停止研究的心臟病藥。

引述義大利設計師阿萊西（Alberto Alessi）的話：「**很新的東西經常被歸入不可能的那一類，但你應該盡己所能努力接近邊緣，因為唯有透過失敗才曉得邊界在哪裡。**」眞正的天才就在邊界上，可能是個不太好待的地方，尤其開始思考偉大的點子時愈容易遇到瓶頸。眞正有願景的點子，會危及整個理解的架構。

英國雕塑家摩爾（Henry Moore）說：「生命的祕密是擁有功課，一生中每分鐘的努力不外乎是爲了這個。但最重要的是，這個功課一定是你不太可能辦到的事。」用這當作擁抱失敗的定義如何？

分享問題

「只要多看幾眼，每個錯誤都沒什麼了不起。」

——雷蒙（Eric Raymond），提出開放源碼者之一

有時組織會成立專門創造點子的部門，讓點子的創造或開發變成最高機密，只有被選定的幾個人了解內情並且能提供意見。這種怪現象使點子的質與量都受到限制，

於是聰明的企業開始思考開發點子的新方式，其中之一是分散式或資源共享式的創新。

顧客或其他人都是產品和服務的共同生產者，最有效的創新方式是由下而上而非中央計劃，前面提到的集體智慧有其限制，集體比較擅於解決定義清晰的問題，而不是找出問題或發明新點子，因此在集體與個別思考間找到正確的平衡就很重要。但是一般而言，當愈多腦袋同時思考一個問題時，也愈快解決問題。

首先是軟體。資源共享有效，是因爲一開始的動機是將最終產品免費贈送，好讓人們選擇站在這些小蝦米身邊對抗大鯨魚（也就是比爾・蓋茲）。網際網路成就了網絡式創新，點子或問題任人隨意取得。

最近各種專案計劃也採用資源共享的概念，從開放式的百科全書到飛機設計、可樂配方和電影腳本。有個品牌的啤酒，在網路上找來幾位自命過度熱心的人幫助下，從品牌名稱乃至包裝和廣告全部搞定，連美國太空總署都採用這個點子，他們請來志願的科學家（最近被稱爲滑鼠工作者）來辨識火星表面的隕石並加以分門別類。

資源共享的創新可以被想成一個巨型的透明意見箱，問題被張貼在網站上，業界專家乃至一般大眾都可以貢獻解答，所有想法都是共享並公開討論，有時人們免費這麼做，有些人則以某種方式獲得報酬。幾位時常發表高見的反對者說，資源共享的創新充其量也只是巨大的焦點團體，其實兩者並不相同：

首先，規模不同。焦點團體很少超過一百人，資源共享的創新可能動輒數千人，但是行動力比傳統的焦點團體大許多。

第二，焦點團體通常要人對各種點子做出反應，資源共享則是要人想出解答並讓點子慢慢累積。

第三，焦點團體仰賴具代表性的人做爲樣本，他們符合「一般人」以及無利害關係的定義；資源共享則仰賴人的自動自發，這些人擅於表達、熱情洋溢且積極參與。

華裔學者高健（John Kao）在《即興創意》（*Jamming*）和道森（Ross Dawson）在《活網絡》（*Living Networks*）中反駁，認爲傳統的創新模式好比古典樂，資源共享模式則比較像爵士樂。

古典式的創新通常是由一位領導者推動，在他之下有個團隊遵守詳細指示，最後結果無論在具體面或抽象面都忠於原始目標。資源共享則是由一群人在背景音樂下即興創作，不一定有人領頭或設定框架，結果可能出乎意外。

寶鹼公司（P&G）逐漸改採資源共享的做法，目標是五〇%的新產品概念要從外部產生，所採取的協同規劃、預測與補給（CPFR）是個透明的程序，讓顧客和供應商改善該公司的供應鏈。另一個例子是寶鹼的虛擬技術行銷yet2.com，寶鹼在上頭羅列上千個專利，透過與外部連結從而獲得點子。

資源共享創新專案計劃大多一敗塗地，但也正是這概念重要的原因。在傳統的創新模型中，失敗的成本非常昂貴，於是紛紛推出闖關閘門、紅燈、綠燈和漏斗來控制開發，與引進市場的新點子數量。

這可是個大問題，因爲在個人或組織的信心大增而放行點子前，可行與否任誰都說不準，若不是後見之明，否則沒有人知道哪個是蠢點子。但是在資源共享的創新之下，我們無須研究並擔憂到底行不行得通，因爲嘗試的成本很低。每位員工、顧客和利害關係者，都被納入創新團隊進行各個小實驗。

當然，建立「怎樣都可以」的系統就是不按牌理出牌的想法，需要鬆緊合宜的平衡，八五%至九〇%的資源用在經審愼規劃控制的創新，剩下一〇%到一五%投入沒有事先規劃的構想，將這些構想公諸於世再視情況決定採取何種行動。

如何利用資源共享的模式在組織內部展開創新？建議之一是先清楚陳述問題再請組織內外有興趣的人提供明確解答。另一個建議是找來一群熱心份子，例如產品或服務的重度使用者，而後與他們同心協力。

最後，「直覺」往往因爲不符合科學而不被考慮，但直覺經常穿透潛意識，利用翻來覆去、彼此矛盾的直覺帶我們到邏輯所不能的地方。敞開心胸接受它吧。

別去上班

「想像的本質是流動而不是凍結。」

——愛默生（Ralph W. Emerson），美國思想家

如果你發現腦袋卡卡的，可以給自己放一天假。不過，這麼簡單的一件事卻愈來愈困難。休閒罪惡（leisure guilt）是美國心理學家佛倫（Raymond Folen）首創，工作過度的人被焦慮層層包裹，一旦有機會休一個禮拜假時，他們會尋找不能休假的理由。**現在的人對工作的重視度遠遠超過其他活動，讓我們對不工作產生罪惡感。**

與其說休閒罪惡是概念，不如說是一種狀態，是指人們不休假或者放假時還透過手機和電郵，虛擬地溜進辦公室。員工宣稱自己工作勤奮，其實他們的行爲只是深層的不安全感，害怕被炒魷魚或被隔絕在圈子外，於是周而復始形成疲憊無力的循環。

有些企業正著手解決這問題，例如波士頓顧問集團（BCG）就針對美國所有職員採取限制時數的政策，明訂工作時數與未來的升遷無關，該公司還會對連續五週、每週工作超過六十小時的員工發布警訊。我還沒聽過有哪個組織把休假變成強制性，但我確定至少有一家這麼做。

偶爾開心地斷線一、兩小時吧，把手機關掉或重新設定。用不同的溝通工具或社交網絡將工作和娛樂分開，最重要的是成爲資訊的憤世嫉俗者，別把所有收到的資訊都當成緊急或重要。

如果你的腦子進入死胡同，請倒車、停車、下車，去散步。最重要的是，別去工作。在我訪談過的人當中，幾乎沒有人說他們最棒的點子是在辦公室想出來的。

第7章

焦慮的年代需要慢功夫

「或許我沒有到達想去的地方，
但最後我得到想要的結果。」
——亞當斯（Douglas N. Adams），英國作家

我在本書一開始提到，深度思考的重要在於它使世界更好。此外，深度思考能充實自我，令我們成爲獨特的個體並喚醒自我覺察，光是這樣我們就該珍惜每次機會，好好滋養自己的心智，即使花費精力或金錢都在所不惜。

重新開機

少做、多想、放慢腳步，偶爾重視直覺與創意思考勝過理性、分析與邏輯思考，特別是擺脫一切溝通和決策必須即時的觀念。我們必須抗拒數位年代的方便，借用白線條合唱團（White Stripes）懷特（Jack White）的話：「無論哪種創意領域，都必須對抗名叫『使用容易』的疾病。」

重新開機也意謂我們必須體認到深度思考不能倉促爲之，有幾種學習不能在步調快速的環境或在數位工具的輔助下完成，譬如虛擬教師，跟虛擬父母和虛擬寵物一樣需要嚴肅看待。滿足永遠是重要的，但傳達的方式和速度也很重要，如果我們無條件接受一個太快速的過程，就會因爲沒有時間釐清思緒而無法好好分析或探討事情。

最後，數位科技是否影響人的思考方式，這個問題有誤導之嫌，因爲我們已經知道思考方式與智能不只一種，因此爭論點不在究竟是不是眞的有影響，而是某些數位科技如何影響我們最感興趣的思考方式。

手機尤其是個麻煩問題，目前有四十億手機族且還在增加中，我不是建議大家把手機扔了，因爲它是有用的，只是有侵犯私領域之虞。手機可能對思考的品質和人的行爲舉止造成負面影響，iPhone和黑莓機之類的手機會誘使甚至要求人們不斷地使用，它們就像香菸讓我們難以戒掉，又像是藥丸想改變我們的心智，在我們試圖脫離時施以懲罰。

我們以爲手機連結你我，其實手機是把我們變成無禮、缺乏耐心、心胸狹隘、緊張兮兮、喜歡挑釁而且孤立的人，**手機誘使人們做出反應而不是反思**。谷歌、臉書和推特都在對著我們尖叫，把我們變得懶惰且缺乏同理心，最重要的，手機妨礙人和點子都需要的實體親近感。

我並非在向數位科技宣戰，畢竟它不是從骨子裡邪惡。我只想說，有些時間和空間應該把人擺在第一位，數位年代把以往無須溝通、平靜且相對沉默的空間變成嘈雜的辦公室和商店的延伸，這些都不利於深度思考。最令我擔憂的是，電腦被視爲幫助思考的工具。

電腦特別擅長處理大量資訊，揭開洞見讓人們深度思考、解決問題而產生新點子，這也是人類發明電腦的用意。但是，我們已經漸漸用工具代替思考，或者把「思考」這件事假手他人。同樣地，電郵和手機豐富了面對面的交談與聯繫，但我們卻漸漸用它們來取代人與人的交流。

我最擔心的也正在此，人類的發明能力無庸置疑，或許未來我們該更常問自己的不是「能不能」發明出東西，而是「應不應該」發明，以及有些發明物可能帶來哪些後果。我們可能在無意間毀壞內心深處最珍貴的事物。

人造的機器無法給予我們愛與被愛的需要，如果數位工具使人類互動變得不方便或昂貴，我們就應該節制它，同時不該老是去適應日新月異的科技，有時科技應該反過來適應我們才對。就連環保人士也被說服來推銷「少一點人際接觸、多一點虛擬會面能減少碳足跡」的主張，這眞是個荒謬的建議，因爲電腦和虛擬世界本身就會耗能（明確地說，佔全球能源的五・三％），建議捨棄人類的移動和互動簡直愚蠢至極。

缺乏實體互動，無論對人或點子都是不利的。新點子需要你我從事有意義的對話和人際關係，正在萌芽的點子也需要人際互動，才能獲得養分、被包裹、被潤飾，最後被放進世界裡獨立生存。

這些年來，人類的欲望似乎變得更熾烈，也是我們被其他人的思考與感受感動的機會。但是，如果我們對虛擬經驗無法自拔，如果每個人都將自己的經驗個人化，情況會是如何？如果每個人都忙著自己的事，那麼集體的記憶或文化又會是什麼？而人類又怎麼可能對重要的議題，進行有意義且具凝聚力的討論呢？

收回思考的時間與空間

如果擔憂螢幕文化入侵日常生活，我們該怎麼辦？我們應該思考。

我們應該深思數位科技的使用以及人際關係，尤其是在公共圖書館和學校，這些地方應該接受數位學習，但也應該以實體空間中的人、事、物作爲主要彰顯的對象，無論圖書館或學校都應該努力使實體空間遠離電子噪音的干擾，否則我們應該大聲提出建議。

工作也是如此。我們應該少工作一點，應該放慢工作和思考的速度，省去一些建立高效能團隊的活動，和同事外出吃個午餐。我們應該讓工作腦去探險，在心智中三不五時騰出一些空間。此外，我們應該如神經科學家克里斯多夫（Kalina Christoff）

建議的，替雜念紛飛的心製造一個補蠅紙，來捕捉新點子和意外的聯想，因爲這麼做有時比講究方法的推論還有效。

我們應該更認眞思考看似沒有立即價值的事，有哪些長遠的好處，而眺望窗外是個不錯的起點。你最近什麼時候看到成年人凝視機艙窗外遠景？最近什麼時候看到孩子遠眺汽車、火車窗外的景致？我猜幾乎是零，因爲大家都成爲低頭族，雙眼都聚焦在數位產品。如果凝視窗外對你不管用，就外出散步吧。偶爾在郊外迷路也不錯，最重要的是，花時間慢慢試驗、修補、分析和討論。

在家的時候盡可能別工作過量。工作會不斷打擾我們，但我們應該把上下班分清楚。也就是說，每個禮拜找一、兩天放個假，每年至少渡假一星期，而且是沒有手機的假期。還要數位節食，花多點時間洗泡泡浴、蒔花弄草以及睡覺。

睡眠不僅對身心健康很重要，當我們睡覺時，心開始卸下種種記憶，將看似不相干的資訊和片段的經驗連結起來。作家高汀（William Golding）說：「睡眠時所有七零八落的東西全都飛了起來，像字紙簍在強風中翻倒一般。」因此，如果我們營造一個不重視睡眠的社會價值，就是再一次侵蝕人們做夢以及想出新點子的能力。

如果你確信深度思考的空間受到威脅，就採取行動吧。爭取不把工作帶回家的權利或成立抗議團體，要求航空公司和餐廳設置禁止使用手機的區域，如果做白日夢的時間少到令你擔憂，就夢想幾個解決問題的方法吧。

這些方法適用於成年人也適用小孩。孩子的行程太緊湊，且功課多到沒時間自由玩耍，不妨安排幾天什麼事都不做，既沒有計劃也不玩有架構的遊戲，一定要讓孩子有玩膩的時候，這樣他們就必須運用想像力來發明一些脫離煩膩的方法。

沒那麼容易

聰明智慧的另一個潛在威脅，在於簡單的愉悅很容易取得。除非我們灌輸困難或花時間的事情是有益的觀念，否則拜數位年代所賜、不用腦的快樂主義將隨處可見，大部分的人將陷入半嬰兒的狀態。因此，容易的事情就別去做，把注意力聚焦在困難的事情上。這種主張會受歡迎嗎？不會，而且可能因此被怨恨，但是以後會有人感激你。

據調查，六六％的中國人相信擁有純網路的正式關係是可能的。換言之，他們認爲用科技替代眞人接觸是可能的。但是，光是有可能並不表示是比較好的方式，人都會挑簡單的做，但是結局會是怎樣？我們的技術愈來愈精巧，但溝通品質卻有開倒車的傾向。方便性成爲一切的衡量標準，每件事都成了個人需要與欲望的延伸。

學校也呈現類似的趨勢。老師迎合年輕學子，不斷提供學生五花八門的簡單選項和替代方案，以挑起他們的欲望，然而這種方式只是讓學生意識到自己的重要性，他們是宇宙的中心而且自己的觀點受重視，無論是多麼無知與不正確。

文化評論家西格爾（Lee Siegel）的觀察：「網際網路是第一個滿足被孤立、孤芳自賞，和不合群之人的環境。」英國作家亞當斯（Tim Adams）則評論網際網路：「幾乎毫無例外，它提供世界來了解我，而不是我主動去了解世界。」

我們以爲自己在利用網際網路，但或許是網際網路在利用我們。我們以爲知識會日積月累，因此網路是在散播知識，但是相反情況永遠可能發生。無知可能與日遽增，因爲網路上輕易被共同創造並分送的垃圾，和各種讓人分心的事將我們的學習和智慧淹沒。

或許我們並非身在資訊革命的中期，而是處在由機器驅動的錯誤資訊革命之中。在電子年代，人們困惑到只能放棄有意義的思考方式，過度在乎自己以致和他人的互動能力變差。在我們不經意之際，緩慢地發生、慢慢習以爲常，但僅僅因爲我們習慣了，不表示就是好事。

科學歷史學家戴森（George Dyson）在其著作《人工智慧的演化》（*Darwin Among the Machines*）中提到：「生命和演化的賽局只有三家，也就是人類、自然和機器。我堅決站在自然這邊，然而我猜想，自然是站在機器那邊。」當然，人類曾經有過輝煌時刻，現在該是政權轉移到機器的時候了。然而我還是不準備那麼快就放棄人類。

從微不足道開始

改變通常從人開始，以下的人和團體爲了與數位年代建立不一樣的關係而努力，他們公開或私下主張我們對移動的感知是錯覺，我們的進步是圓形而非一直線，既沒有從過去的教訓中學習，也沒有從未來的趨勢中學習：

■英國雜誌《閒人》（*The Idler*）頌揚以閒逛來對付數位年代的忙碌。日本的懶人俱樂部（Sloth Club）也是類似團體，鼓勵大家放慢腳步，盡可能少用能源和資源。

■拍立得（Poladroid）是個電腦程式，可以做出老拍立得相片的樣子，或者就像有人說的「用來看的時鐘」。會有人想做這種時代錯亂的事，是因爲他們用數位科技將人類帶離現實，並鼓勵大家遺忘不安的感覺。類似的還有Muxtape，以MP3檔案的形式複製音樂合輯，Telegramstop則是把不重要、容易忘記的文字訊息轉成實體電報文。

■美國的今日永存基金會（Long Now Foundation）致力促進未來一萬年的長程思考和負責任的態度。中心思想是一座機械鐘，據這個點子的發想者，也是電腦科學家的奚理斯（Danny Hillis）表示，這座機械鐘每年走一格，每一百年響一次，每一千年布穀鳥會出來叫一次。這座變體鐘改變人類的時間概念。

■芬納（Jem Finer）的「長期演奏計劃」（Long Player Project）樂譜要花一千年才演奏得完，這個跨越世代的藝術作品爲時空觀念賦予新的架構。

隨著機器人、人工智慧、基因工程學和奈米科技的發展，機器將愈來愈像人類，人類也愈來愈像機器。但是目前只有人類能深度思考，也唯有人類有好奇心和想像力，也唯有人能製造出聰明的機器，因此我們依舊是唯一能發明未來的物種。未來充滿各種奇妙的可能，只要用心，就可以愛怎麼發明就怎麼發明。

我們是否正踩在第二次文藝復興的浪頭上，如作家薛基和比爾頓所言，各種新點子被廣泛地創造、討論和駁回，或者我們處在數位黑暗時代的開端，全天候連線造就制式文化使人類成爲電子產品的奴隸，以及原創思考的死亡？我們是否創造了一個世界，人們愈來愈難處理曖昧不明的狀況，且解決問題的能力日益低落？我不知道這些問題的答案，但我們應該用充足的時間尋求正確無誤的問題，而不是輕鬆不費力的答案。

數位科技是美好的發明，但人類在這方面要的太多。如果每件東西變得太容易，我們的身心最終會失去應有的肌力、韌性和創造力，因此在快與慢、類比和數位、實體和虛擬，以及近距和遠距之間達到平衡是必要的。我們也需要古老和現代的平衡，學會結合人類智慧來運用機器智慧，而不是讓後者取代前者，但在此之前，我們可以採取任何必要行動來改變自己的思考方式。

我們花太多力氣探討數位機器侵略人們的日常生活，是否會對心智帶來嚴重影響。某個程度我們變聰明了、資訊更普及，也更擅於尋找資訊，但深度、反思式的思考受到嚴重威脅。與人疏離、過著數位式的生活終究讓人無法忍受，愈來愈多人開始體認到這一點，更多人領悟到病態式的短暫專注力讓我們陷入大麻煩，我們愈來愈無法對行爲之後的長期後果做精確思考。

最後，我想讓你思考一件事。科技不是命中注定，人腦是宇宙中最複雜的結構，但卻有個非常單純的特點，也就是可塑性。人腦的敏感度，會將所有吸引、妨礙或觸動它的事物記錄下來。或許你以爲有些事不會影響你，但你錯了。新的物體和環境已經在影響你思考的方式，哪怕你還沒有察覺。但是，你我還是最聰明的動物，如果不喜歡自己看到的未來，還有時間去改變。坐下來、打開窗戶、思索這件事或閱讀一本書，是個不錯的點子。

後語
預見未來10大趨勢

趨勢1：數位儲存讓我們透過可配戴的裝置記錄自己的一生，但我們的生活卻變得可以輕易搜尋，而其中隱含多重意義，包括記憶賊（memory theft）乃至遺忘的議題。

趨勢2：到二〇二〇年前，大學的教科書將逐步轉成數位形式。

趨勢3：個人資訊的過度分享，尤其是即時地點，將成爲與個人隱私和人身安全相關的大問題，www.pleaserobme.com網站最早探討這個趨勢。

趨勢4：機器將能夠覺知使用者的情緒狀態並自我調整。同時，人類在人際關係和思考方面將愈來愈像機器，也造就讓人成癮的網路性愛甚至網路婚姻（通常是人遇到機器）。

趨勢5：尖峰關注（peak attention）的概念將崛起，人們將透過數位節食或使用專業的篩選工具來限制資訊的消費量。資訊的信賴度也將成爲重大議題，語義網（semantic web）可解決部分問題，但更好的方法是利用住家附近的公立圖書館。

趨勢6：慢想運動將與慢食運動並行，人們會讚揚慢讀、慢寫，以及使用紙張的老式溝通方式。由於網路攻擊加上速讀螢幕資訊而導致的錯誤，企業將回頭使用紙張記錄策略。

趨勢7：網路成癮將被認定爲社會問題，政府將成立網路成癮門診與網路諮商中心，但大部分人下了班還會一直掛在網上辦公或瘋狂上臉書交朋友，甚至拒絕承認問題的存在。與此同時，網路霸凌以及竊盜醫療身分，將繼續在現實世界製造大問題。

趨勢8：精神隱私將成爲重大議題，尤其對於在虛擬世界生活和工作的人。

趨勢9：不久的未來，時間和空間將是奢侈，我們會因而看到無法通訊的渡假村，以及辦公室、圖書館、旅館、飛機和咖啡館裡設置靜思房或特區。

趨勢10：隨著網上的態度和行爲漸漸影響眞實生活的社會規範，數位與生物世界將逐漸聚合，人腦與機器的直接溝通將是這股潮流的動力，其他還包括虛擬觸覺技術、擴充現實與情境智能的發展。

NEXT叢書 0192

慢想力

作　者—理查・華生（Richard Watson）
譯　者—陳正芬
主　編—鄭　眞
責任編輯—張啓淵
美術編輯—張瑜卿
行銷企劃—楊齡媛
董事長
發行人—孫思照
總經理—莫昭平
總編輯—陳蕙慧
出版者—時報文化出版企業股份有限公司
10803臺北市和平西路三段二四〇號三樓
發行專線—（〇二）二三〇六六八四二
讀者服務專線—〇八〇〇二三一七〇五
（〇二）二三〇四七一〇三
讀者服務傳眞—（〇二）二三〇四六八五八
郵撥—一九三四四七二四時報文化出版公司
信箱—臺北郵政七九～九九信箱
時報悅讀網—http://www.readingtimes.com.tw
電子郵箱—big@readingtimes.com.tw
法律顧問—理律法律事務所　陳長文律師、李念祖律師
印　刷—盈昌印刷有限公司
初版一刷—二〇一三年一月四日
定　價—新臺幣二四〇元
行政院新聞局局版北市業字第八〇號

國家圖書館出版品預行編目資料

慢想力／理查・華生（Richard Watson）著；陳正芬譯. -- 初版.
-- 臺北市：時報文化，2013.01
面；　公分. --（NEXT叢書；192）
譯自：Future Minds : how the digital age is changing our minds, why this matters, and what we can do about it
ISBN 978-957-13-5676-1（平裝）

1. 未來社會 2. 創造性思考

541.49　　101020967

Future Minds: How the Digital Age Is Changing Our Minds, Why This Matters, and What We Can Do About It

ISBN 978-957-13-5676-1
Printed in Taiwan